国家社科基金青年项目（09CZZ016）成果

Research on Government Investment Behavior of the Supply of Rural Infrastructures

农村基础设施供给中的政府投资行为研究

刘银喜 任　梅 著

图书在版编目(CIP)数据

农村基础设施供给中的政府投资行为研究/刘银喜,任梅著. —北京:北京大学出版社,2015.1

(公共管理论丛)

ISBN 978-7-301-25452-3

Ⅰ. ①农… Ⅱ. ①刘… ②任… Ⅲ. ①农村—基础设施建设—政府投资—投资行为—研究—中国 Ⅳ. ①F323 ②F832.48

中国版本图书馆 CIP 数据核字(2015)第 023346 号

书　　名 农村基础设施供给中的政府投资行为研究
著作责任者 刘银喜　任　梅　著
策 划 编 辑 高桂芳
责 任 编 辑 高桂芳　周丽锦
标 准 书 号 ISBN 978-7-301-25452-3
出 版 发 行 北京大学出版社
地　　址 北京市海淀区成府路 205 号　100871
网　　址 http://www.pup.cn
电 子 信 箱 ss@pup.pku.edu.cn
新 浪 微 博 @北京大学出版社
电　　话 邮购部 62752015　发行部 62750672　编辑部 62765016
印 刷 者 三河市博文印刷有限公司
经 销 者 新华书店
965 毫米×1300 毫米　16 开本　13.75 印张　219 千字
2015 年 1 月第 1 版　2015 年 1 月第 1 次印刷
定　　价 35.00 元

目录

导　论

一、研究背景和研究意义

2014年中央一号文件《关于全面深化农村改革 加快推进农业现代化的若干意见》，再次锁定“三农问题”，这是21世纪以来解决“三农问题”的第11份中央一号文件。历次关于解决“三农问题”的中央一号文件，都会从不同角度涉及增加农业农村投入、完善农业补贴政策、保持农产品价格合理水平、增强农村金融服务能力、强化金融机构服务“三农”职责、完善农田水利建设管护机制、健全“三农”投入稳定增长机制等促进农业稳定发展与农民持续增收的话题。可以看出，当前党和政府的工作重点在于进一步增加农业农村投入，促进农业稳定发展与农民持续增收，确保农业稳定发展和农村社会安定。因此，规范政府对农村的投入行为，加强政府对农村基础设施的投资；规范投资机制，提高资金使用效率；鼓励社会各界积极参与农村基础设施建设，加快农村基础设施产权制度改革；深化农业投融资体制改革，逐步形成多元化的农村基础设施融资渠道，是解决上述问题的关键和突破口。

国内外学术界的研究表明，政府对农村基础设施投资是政府的财政职能，是拓展国内市场和提升农产品国际竞争力的通行做法。美国政府于2002年5月13日颁布了《2002年农业安全与农村投资法案》，通过立法强化和规范政府对农村投资。中国政府对农村的投资总量近年来虽然增长很快，但是从人均投资额的角度进行国际比较，差距仍然很大。如日本在20世纪50年代末，政府对农村的人均投资额为450美元，韩国在经济起飞时的20世纪80年代初也达到人均280美元。而中国1998—2003年间政府对农村的投资人均只有70

美元。[①] 政府对农村投资不足,限制了中国政府财政职能的发挥和对国内市场的拓展。

近年来按照中央关于把基础设施建设和社会事业建设的重点转向农村的要求,国家发改委不断调整和优化中央固定资产投资结构,尽可能加大对农业和农村的支持力度,2003—2007 年,中央预算内和国债投资中用于农村建设的总量超过 3000 亿元,用于农村建设的投资占当年中央政府投资总规模的比重,由 2003 年的 36% 提高到 2007 年的约 48%。[②]《农村基础设施发展报告(2011 年)》统计显示,"十一五"期间中央财政用于"三农"的支出总量累计达 2.95 万亿元,年度规模从 2006 年的 3397 亿元增加到 2010 年 8580 亿元,年均增长 23.6%,"三农"支出占中央财政支出的比重由 14.5% 提高到 17.8%。中央预算内投资始终把支持"三农"作为投入重点,用于农业和农村基础设施建设的总量近 6000 亿元,年度规模从 2006 年的 600 亿元增加到 2010 的 1928 亿元,增长 2.2 倍,占全部中央预算内投资的比重由 47.8% 提高到 49.1%,一直维持在较高水平。[③] 但从总体上看,农村基础设施建设依然比较滞后,不能满足农业发展、农民增收和社会主义新农村建设的要求,突出表现在农业生产基础设施薄弱、农民生产生活条件落后、农村社会事业欠账较多。农村基础设施落后是非常突出的问题,已经成为制约农村经济发展、扩大内需的一个极大的瓶颈。因此,在新农村建设和拓展农村市场、扩大内需的背景下,研究政府对农村基础设施的投资,具有如下重要的战略意义和现实意义。

(1) 有利于拓展国内市场,扩大内需,应对全球性金融危机,促进中国经济健康良性发展。中国未来的市场在农村,中国巨大的需求也在农村。农村消费的启动和农村市场的拓展,需要提高农民收入、提升农民购买力,需要建立促进农民增收的长效机制,需要提供农村

---

① 宋乃公等.如何让资金高效流入农村[J].人民论坛,2006(9).

② 国家发展与改革委员会、农村基础设施发展报告(2008)[M].北京:中国环境科学出版社,2008,12.

③ 国家发展与改革委员会.农村基础设施发展报告(2011)[R].8—9.

经济发展所必需的公共产品(以基础设施为主)和公共服务。

(2) 有利于化解"三农问题"和促进城乡一体化发展。政府对农村基础设施的投资本身是一个投资需求,可以创造消费需求和大量就业机会,缩小城乡基础设施层面的差距和收入领域的差距,为建立城乡统一的公共服务体系奠定基础。

(3) 有利于完善公共财政制度。政府对农村投资作为公共支出的重要组成部分,是公共财政制度得以完善的关键环节;政府对农村基础设施投资机制的建立和完善,能够促进市场经济体制下公共财政制度的进一步完善。

(4) 有利于推进基层政府改革。政府对农村基础设施的投资决策是否科学,取决于政府是否具有服务理念、发展理念和科学决策机制。政府对农村投资机制的建立和完善,有利于基层政府管理体制改革。

二、研究综述

基础设施是为经济社会发展以及文化繁荣提供公共服务的各种要素综合,国外学者对基础设施给予较早的关注,在这一领域展开了众多研究,为我国研究的开展和深入提供了宝贵的理论成果和依据。我国学者对这一领域的研究起步较晚,从20世纪90年代才开始对这一领域予以关注。早期的研究主要借鉴国外理论基础分析我国基础设施供给中存在的问题,研究范围较为狭隘,对农村基础设施供给中的一些衍生问题关注较少。随着近年来基础设施供给中暴露的问题不断增多,学者们也将目光投入基础设施供给研究的更广泛领域。本书分别从基础设施供给、政府在基础设施供给中的行为(投资行为)、政府投资与经济发展的关系、政府改革与政府投资(公共支出)四个方面阐述国内外学者在这些领域的理论研究成果,对其进行述评,以更全面和深入地把握相关领域的研究动态,为课题研究的展开打下坚实的基础。

(一) 基础设施供给研究综述

1. 国外关于基础设施供给研究综述

Huge Stretton 和 Lionel Orchard 对政府的经济功能及其地位予以

充分肯定，并认为基础设施可以由政府通过强制税收的方式来筹集资金，政府充分履行经济职能，由相关公共企业负责生产。[①] 萨瓦斯认为公共产品的供给方式具有多样性，并非由政府垄断提供，而且现实中也没有任何证据和逻辑证明公共产品必须由政府提供。[②] 应对公共产品供给诸多问题的方法就是打破政府对公共产品供给的垄断，引入竞争机制，推动公私部门展开竞争。基础设施作为公共产品重要的一类，同样适用。萨瓦斯结合公共产品供给的安排和生产情况，列出了十种制度安排，包括：合同承包、补助、政府出售、志愿服务、凭单制、自我服务、政府服务、自由市场等。对于农村基础设施供给，国外学者也展开了广泛研究，并主要集中于两个方面：① 农村公共产品的供给方式研究。世界银行的相关专家通过研究发现，农村基础设施投资不仅可以推动农村经济迅速发展，也能推动国家经济的整体增长。[③] 他们认为农村基础设施供给中存在的问题是由于激励不足造成的。因此，为了有效地供给农村公共产品，他们主张把市场、私人部门、竞争等因素引入到农村基础设施供给中。J. Cable 主张对农村基础设施进行产权变革，大面积推进私有化以摆脱政府垄断的低效性，只保留少量的公私部门合营。[④] Steven Vogel 提出，通过民营化的途径来解决目前政府在农村基础设施供给中的低效问题。具体措施有：市场对机构的替代来决定价格、展开市场竞争、放松规制三个方面。[⑤] ② 不断加大对农村基础设施供给的投入。ESCAP 研究发现，加大农村基础设施供给可以为经济发展创造更多机会，加大对铁路、公路、桥梁等农村基础设施的投资可以降低农业商品的成本，提高农产品的市场竞争力。[⑥] Ali 认为基础设施具有减贫的作用，对

---

① Huge Stretton, Lionel Orchard. 公共物品、公共企业和公共选择——对政府功能的批评和反批评的理论纷争[M]. 费昭辉，徐济旺，易定红译. 北京：经济科学出版社，2000.

② Savas. 民营化与公私部门的伙伴关系[M]. 周志忍译. 北京：中国人民大学出版社，2002.

③ 世界银行. 2003 年世界发展报告[M]. 北京：清华大学出版社，2003.

④ J. Cable, "Infrastructure and Regional Economic Performance", *England Economic Review*, 2004(7).

⑤ Steven Vogel, "Infrastructure Development and Economic Growth", *Journal of Comparative Economics*, 2005(2).

⑥ ESCAP, "Policy Issues for the ESCAP Region: Balanced Development of Urban and Rural Areas and Regions within the Contries of Asia and the Pacific", *Bangkok*, 2006(5).

于灌溉、公路、水电等基础设施的投资可以直接或间接地起到减贫的作用。[①] Mamatzakis 对多年的农业投资数据进行分析，认为对于农业的投资与其生产率之间存在不匹配问题。[②] 正是因为农业投资的减少导致欧盟国家在 20 世纪 80 年代农业生产率降低，所以他认为政府应该加大对农业的投资。Satoru 认为，农业生产力的提高与农业基础设施供给和市场完善程度密切相关。而且，他通过实证分析发现，农业基础设施投资不足的国家在全球竞争中比投资充分的国家失去更多机会和利益。[③]

2. 国内关于基础设施供给研究综述

国内学者对于基础设施的研究起步较晚。魏礼群认为基础设施是为社会生产和生活提供基础产品和服务的交通、水利等公共设施，是一切经济和社会活动的载体以及国民经济的重要组成部分。[④] 陈文科、林后春等人对农村基础设施的概念、特征、作用和经济效应进行了系统研究，认为农业基础设施不仅是农业生产的重要组成部分，而且是农业乃至人类社会可持续发展的重要组成部分。[⑤] 林毅夫认为，改革开放后，中国农村对水、电、路等基础设施的需求增长很快，但由于改革后村级组织力量遭到破坏，农村基础设施得不到满足，矛盾较为突出。政府应该发挥积极作用，改善农村基础设施供给，刺激农村市场，进而拉动内需，提高农民生活水平。[⑥] 郭泽保认为农民不仅需要政府提供各种政策支持，而且更需要政府进行制度安排，给广大农民以真正的国民待遇；只有这样，农民才能以平等的身份与地位

---

① Ali,"Infrastructure and Poverty Reduction—What is the Connection?" *Policy Brief Series* No. 13, Economics and Research Department, Asian Development Bank, 2003(6).

② Mamatzakis,"Public Infrastructure and Productivity Growth in Greek agriculture", *Agriculture Economics*, 2006(29).

③ Sotoru,"Rural Infrastructure and Agriculture Development", Paper prepared for presentation at the Annual Bank Conference on Development Economics, 2006(3).

④ 魏礼群. 真正把基础设施建设放在现行的战略地位[J]. 求是, 1993(9).

⑤ 陈文科, 林后春. 农村公共物品供给不足对农村经济发展瓶颈效应分析[J]. 税务与经济, 2000(4).

⑥ 林毅夫. "新政"怎样做才是中国式的——访北大中国经研中心主任林毅夫教授[N]. 经济学消息报, 2000-01-28.

全方位参与小康社会建设。①

国内对于农村基础设施供给的研究主要集中于两个方面:(1) 对基础设施供给不足原因的探讨。尚长风认为,我国农村基础设施供给不足是由于城乡分治的二元管理结构体制和经济社会发展的自然规律所导致的。② 王文灿、胡世明认为现存的各地方部门决策者出于政绩和自利行为而导致农村基础设施供给不足。③ 刘鸿渊认为农村基础设施供给不足的主要原因有三个:① 乡级政府财权和事权不对等;② 财政资源使用效率低下;③ 政府职能定位不准确。④ 李琴、熊启泉利用博弈论方法分析农村基础设施供给不足的原因,认为过长的委托—代理链条严重影响了公共产品供给的质量和效率。⑤ 李玲从政府公共绩效的角度对农村基础设施供给不足的原因进行了分析,她认为正是由于政府的低效率才导致基础设施供给的低效率。⑥ (2) 对农村基础设施供给模式的探讨。林万龙对若干农村公共服务进行了实地调研分析,提出了一个系统、完整地促进农村公共物品私人供给,并兼顾供给效率与公平的公共政策框架。⑦ 吴士建、薛兴利、左臣明对农村公共产品供给方式进行了分类,认为农村纯公共产品应该由政府提供,准公共产品应该按照政府补贴和私人投资相结合的方式混合提供,收益范围较小的公共产品可以采取俱乐部的方式提供。⑧ 睢党臣认为政府是农村公共产品供给的主体之一。政府拥有国家巨大的财政支撑和社会动员能力,有条件也有能力从事具有规模经济效益和非营利性的生产活动。基础设施作为农村公共产品

---

① 郭泽保. 建立和完善农村公共产品需求选择表达机制[J]. 中国行政管理,2004(12).

② 尚长风. 农村公共产品缺位研究[J]. 经济学家,2004(6).

③ 王明灿,胡世明. 论我国公共产品供给矛盾[J]. 福建农业大学学报,2005(3).

④ 刘鸿渊. 农村公共产品供给不足的原因与重构[J]. 商业研究,2005(2).

⑤ 李琴,熊启泉,孙良媛. 利益主体博弈与农村公共产品供给的困境[J]. 农村经济问题,2005(4).

⑥ 李玲. 公共绩效考验政府服务的质量[J]. 经济体制改革,2004(6).

⑦ 林万龙. 农村公共物品的私人供给:影响因素以及政策选择[M]. 北京:中国发展出版社,2007.

⑧ 吴士建,薛兴利,左臣明. 试论农村公共产品供给制度的改革和完善[J]. 农村经济问题,2002(7).

的重要组成部分，政府理应成为主要主体之一。[①] 韩建新认为，对于经营性农村基础设施在使用上具有的排他性，可以采用BOT，对非经营性农村基础设施不宜采用，另外可以从中小型农村基础设施着手试点BOT方式。[②]

3. 国内外研究述评

国外学者对基础设施供给研究较深入，方法和角度也是多种多样，这为我国学者的研究提供了宝贵的借鉴意义。随着研究的深入，国外学者更注重模型方法和实证方法的分析，用实证案例和数据来分析基础设施供给现状，研究焦点主要集中在基础设施供给方式和投入方面，学者研究呈现出数学化和模型化的趋势。但是，社会科学方法作为传统的基础设施供给研究方法正在逐渐被边缘化。政治学、社会学等学科的迅速发展，不断为这一领域提供新的研究方法和视角，广大学者应该加强对系统的社会科学方法的重视，对这一领域的问题实现多角度、多学科和多方法的研究。

国内学者对基础设施供给的一系列研究，指出了基础设施特别是农村基础设施供给的重要意义，揭示了供给矛盾产生的种种原因并提出了有实际意义的建议和措施。但是，目前国内研究还主要停留在对国外理论的引用和借鉴阶段，缺乏系统的理论体系和重大创新；而且研究方法都还比较单一，大部分学者都是从单一角度采用单一的研究方法对问题进行分析，缺乏系统性和多样性。

（二）政府在基础设施供给中的行为（投资）研究

1. 国外关于政府在基础设施供给中的行为研究综述

David N. Hamman 认为传统基础设施不能由市场提供，而只能由政府供给。[③] Paul A. Samuelson 认为政府决策者更倾向于选择那些价值难以监督的基础设施项目。[④] 他主要依据公共选择的基本理论，

---

① 睢党臣. 农村公共产品供给结构研究[D]. 中国博士论文数据库，2007.

② 韩建新. BOT融资模式在农村基础设施建设中的应用[J]. 山东财政学院学报，2007(5).

③ David N. Hamman. 公共财政：现代理论在政策中的应用[M]. 张彤译. 北京：中国财政经济出版社，2001.

④ Paul A. Samuelson, "The Pure Theory of Public Expenditure", *The Review of Economics and Statistics*, Vol. 36, No. 4 (Nov., 1954), pp. 387-389.

即政府不再是一个代表公共利益的整体,而是一个具体履行职责的个人。政府决策者同普通人一样都是个人效用最大化的追求者,他们追求自己的最大利益。因此,专业性、高技术的基础设施投资将受到青睐。他又用一个各国横向比较的腐败指数作为研究工具,通过分析认为腐败行为扭曲了政府支出的构成,特别是减少了政府对农村基础设施的投资。Asa Ahlin 和 Eva Johansson 将就业类型、年龄、政府偏好、性别、税收价格等作为需求影响变量进行显著性估计。① Jorge Martinez 认为基层政府更有条件、有动力去了解辖区内居民的偏好,它提供的基础设施数量和形式更有助于满足居民需求。② Nore 利用经济学的委托—代理理论分析政府基础设施供给行为。③ 他们认为政治家和官僚实际组成了委托—代理关系,政治家代表公民成为基础设施供给的需求方,而官僚是基础设施的供给方。但由于两方信息的不对称,政府在基础设施供给中具有决定作用,这往往造成政府在基础设施供给行为中的寻租、低效等问题。

2. 国内关于政府在基础设施供给中的行为研究综述

何伟认为,政府行为是造成社会不公的原因,政府对基础设施的投资行为可以有效地解决这一问题。④ 崔光庆通过对我国东、中、西部三个区域的 GDP 进行比较分析,认为东西部地区的差距不仅表现在 GDP 和财政收入的差距方面,生产要素方面的差距也在逐渐拉大,中西部地区为发展经济盲目投资建设,基础设施领域也是如此,资源浪费和环境破坏严重。⑤ 蒋东仁认为,政府需要集中力量处理溢出效应特别明显或具有明显公共产品特征的问题,基础设施就是重要方面。⑥ 杜鹰、刘苏社和邱天朝对我国农业基础设施供给中的政府行为

---

① Asa Ahlin, Eva Johansson, "Individual Demand for Local Public Schooling: Evidence from Swedish Survey Data", *International TAX And Public Finance*, 2001(8).

② Jorge Martinez, "Fiscal Decentralization and Economic Growth", *World Development*, 2003(9).

③ Nore, "Government Finance: Economic of The Public Sector", *Economica*, 2004(3).

④ 何伟. 分配不公的要害是政府投资行为[J]. 理论参考, 2006(3).

⑤ 崔光庆. 中国区域经济差异与政府投资行为的实证分析[J]. 宏观经济研究, 2006(9).

⑥ 蒋东仁. 产业集群成长中政府功能定位与政府投资行为的内生性[J]. 管理现代化, 2006(5).

进行了研究，他们认为政府在农村基础设施投资中存在不稳定问题，这主要受国家宏观政策、农产品供求形势以及自然条件等因素的制约。[①] 史明霞、陆迁认为政府投资农村基础设施不能仅仅考虑基础设施的农业经济效益，也要充分考虑农业基础设施的经济和社会意义。[②] 杜均楠、阎建兴认为，要加大政府预算投资力度，政府应该通过立法形式确定财政支持中的支农支出，尤其是支持农业基础设施建设的比例。[③] 费振国、李光旭认为，国家可以通过设立农业基础设施专项基金来进行农业基础设施建设，这项资金的来源应该主要为中央财政及银行存款利息，这项基金的资金必须专门用于农业基础设施项目。[④] 周红梅、匡远配认为根据农业基础设施的收益范围，在明确各级政府事权和财权的基础上，可以划分全国性、区域性和地方性农村基础设施的界限，并由相应的政府提供。[⑤] 范传鸿认为，提高现阶段政府对农村基础设施建设的支持力度，必须加大财政转移支付力度，以增强基层政府对于农村基础设施的供给。[⑥] 郑晶、温存美认为，对于现在政府投资农村基础设施的问题，政府要健全相应的资金绩效评价指标体系和使用效益分析制度。[⑦] 李香允认为各级政府需要进一步明确职责，充分发挥宏观调控部门的作用，对涉农基础设施建设资金进行专项管理和统筹协调，防止投资浪费和分散。[⑧]

3. 国内外研究述评

国外学者主要基于公共选择理论和公共产品供给理论对政府在

---

① 杜鹰，刘苏社，邱天朝．中国农业基础设施投资的实证分析[M]．北京：中国农业出版社，2002.

② 史明霞，陆迁．农业基础设施投资促进经济增长的有效性分析[J]．西北农林科技大学学报，2007(2).

③ 杜均楠，阎建兴．农业基础设施投资主体行为分析[J]．西北农林科技大学学报，2008(2).

④ 费振国，李光旭．我国农业基础设施投融资体制的创新研究[J]．中国农业科技导报，2007(6).

⑤ 周红梅，匡远配．农村基础设施建设投资问题分析[J]．湖南农业大学学报，2007(6).

⑥ 范传鸿．主体性文化精神视域下农村工业化进程探微[J]．学理论，2009(12).

⑦ 郑晶，温存美．中国农业增长及其效率评价：基于要素配置视角的实证研究[M]．北京：中国经济出版社，2009.

⑧ 李香允．农民资金互助组织资金来源探析——以北京市通州区于家务乡果村资金互助组织为例[J]．农村经营管理，2009.

基础设施供给中的行为进行研究，他们的研究时间和成果主要集中于20世纪，近几年这一方面的研究论文和专著较少。西方学者对这一问题更偏重于理论研究，实证研究有所缺失，学术研究与实际操作有所脱节。但是，西方学者基于经济学的一系列研究成果对国内学者的多角度展开研究还是提供了宝贵的思路和借鉴意义。

国内学者主要是从政府行为的问题、结构和绩效三个角度对基础设施供给进行深入研究，在分析问题及其原因的基础上又提出许多针对性强的建议，极大地丰富了这一方向的科学性和系统性。但是，国内学者的研究仍有不足，主要集中在以下几个方面：第一，对政府行为的判断具有一定的主观性，即缺乏数据和实证分析。在国家经济发展的不同阶段，对基础设施建设具有不同的要求。对政府投资行为的研究不能局限于以支出占国家财政支出或农业支出的比例来衡量。第二，研究视角单一。不同地区具有不同的基础设施要求，特别是农业基础设施的区域性差异更大。国内学者偏向于宏观层面的分析，对于具体地区缺乏微观研究，地区之间的横向对比更是少之又少。第三，缺乏系统性。国内学者习惯于就单一问题进行研究，采取单一研究方法。事实上，政府在基础设施供给中的行为已经成为一个宽泛的研究方向，需要进行系统的研究，实现研究的重大突破。

（三）政府投资与经济发展的关系研究

1. 国外关于政府投资与经济发展关系的研究

西方一些学者早在20世纪早期就开始关注政府投资与经济发展的关系。Keynes强调了政府投资对扩大内需和增加就业的重要作用。[①] Solow在新古典增长模型的基础上提出内生增长理论。[②] 他认为政府投资对长期经济增长的影响主要有两种情形：一是政府投资直接作用于最终产品，如基础设施；二是政府投资间接作用于最终产品，如提高劳动者技能等。Barro分析了实现公共产品有效供给的最优税收政策，强调政府公共投资对内生经济增长的重要作用，认为公

---

① Keynes, *The General Theory of Employment, Interest and Money*, Harcourt: Brace and World, 1936.

② Solow, "Contribution to the Theory of Economic Growth", *Quartly Journal of Economics*, 1956(2).

共投资可以为私人投资服务,提高私人投资的收益率,进而推动经济增长。[①] Devarajan 采用 43 个发展中国家过去 20 年的数据得出研究结论:当期政府支出对经济增长有显著的正向作用。[②] Ahmed 和 Muller 认为政府支出在社会安全和福利上的投资将会使私人投资减少,在交通运输上的投资可以拉动私人投资。[③] Mo 认为政府支出从三个方面影响经济增长率,分别是投资、总需求和全要素生产力。[④] 他研究认为政府投资比重每增加 1%,将导致 GDP 增长率提高 0.167%。

国外学者关于基础设施投资和经济增长关系的研究开始于发展经济学家 Rosenstein Rodin。Rodin 认为,在一个产业投资之前,社会应该有这一产业的基础设施积累。基础设施投资通常占社会总投资的 30%—35%,投资带来的规模经济效益不仅能够降低企业成本,而且可以提高整个社会的获益能力。[⑤] Rostow 认为,基础设施建设是社会变革、生产力发展和经济增长的前提条件。[⑥] Aschaure 使用生产函数公式,对美国的基础设施投资与经济增长作了实证的分析,研究结果表明政府对基础设施的投资对经济增长作用极大。[⑦] 1994 年世界银行的发展报告肯定了政府基础设施投资对于经济增长的巨大作用,他们通过对发展中国家进行大量数据分析得出结论:基础设施每增长 1%,就导致 GDP 增长 1%。政府在基础设施供给中应该发挥主导性投资作用。[⑧]

---

① Barro, "Government Spending in a Simple Model of Endogenous Grow", *Journal of Political Economy*, 1990(10).

② Devarajan, "The Composition of Public Expenditure and Economic Growth", *Journal of Monetary Economics*, 1996(2).

③ Ahmed, Muller, Crowding-out and Crowding-in Effect of the Components of Government Expenditure, SBDU working paper, 1999.

④ Mo, Government Expenditures and Economic Growth: The Supply and Demand Sides, Oxford Working Paper, 2007.

⑤ Rosenstein Rodin, *The Theory of the big-push*, Britain: St. Martin Press, 1966.

⑥ Rostow. 从起飞进入持续增长的经济学[M]. 贺力平译. 成都:四川人民出版社, 1988.

⑦ Aschaure, "Is Public Expenditure Productive", *Journal of Monetary Economics*, 1989(12).

⑧ 世界银行. 1994 年世界发展报告[M]. 北京:清华大学出版社, 1994.

2. 国内关于政府投资与经济增长关系的研究综述

庄子银和邹薇利用1980年到1999年的数据分析了地方政府投资、调节成本对经济增长的效应。他们分析认为,由于这个期间预算外支出的扩张,政府投资的调节成本急剧上升,削弱了地方政府投资对经济增长的推动作用。[①] 欧阳志刚运用方程组来分析政府投资对经济增长的贡献率,分析表明虽然个别年份政府投资对经济增长的影响为负,但总体来说政府投资对经济增长有促进作用。[②] 郭庆旺和贾俊雪建立了包含政府公共投资的两部门内生增长模型,将政府公共投资分为政府物质资本投资和人力资本投资,采用回归模型分析政府公共投资对于经济增长的作用。[③] 分析表明,政府在物质资本和人力资本上的投资与经济增长之间存在长期均衡关系,政府对于物质资本投资的影响更为显著。贾俊雪、郭庆旺和刘晓路在财政分权框架下,分析了最优公共资本投资配置对于经济增长的影响,并且用全国和各省的数据进行了分析。他们认为我国公共支出结构不合理,全国和地方公共物质资本投资比重偏低,提高物质资本投资比例将会推动经济增长。[④] 朱柏铭和祝燕君利用我国1978年至2005年的数据,检验了瓦格纳定律,从政府投资的分类研究其与经济增长的关系。[⑤] 他们认为瓦格纳定律在中国无法验证。陈建宝和戴平生采用我国1985年到2006年的财政支出数据和GDP数据,研究政府投资影响经济增长的路径、强度和乘数效应。[⑥] 严成樑和龚六堂研究认为政府支出与税收结构通过影响家庭的劳动—休闲选择、储蓄—消费选择以及生产性支出占公共支出的比例,对经济增长产生作用。[⑦] 张

---

① 庄子银,邹薇.公共支出能否促进经济增长:中国的经验分析[J].管理世界,2003(7).

② 欧阳志刚.我国政府支出对经济增长贡献的经验研究[J].数量技术经济研究,2004(5).

③ 郭庆旺,贾俊雪.政府公共资本投资的长期经济增长效应[J].经济研究,2006(7).

④ 贾俊雪,郭庆旺,刘晓路.资本性支出分权、公共资本投资构成与经济增长[J].经济研究,2006(12).

⑤ 朱柏铭,祝燕君.财政支出与经济增长关系研究——基于中国1978—2005年数据的验证[J].技术经济与管理研究,2008(3).

⑥ 陈建宝,戴平生.我国财政支出对经济增长的乘数效应分析[J].厦门大学学报,2008(5).

⑦ 严成樑,龚六堂.财政支出、税收与长期经济增长[J].经济研究,2009(6).

龙、贾明德运用汉森模型对我国1980年以后的财政收入与支出政策的主动效果、自动效果和总效果进行分析，认为财政支出是促进我国经济增长的重要因素，税收对经济的稳定效果非常明显。[①] 王春元用柯布-道格拉斯生产函数对我国1978—2006年的数据进行分析，发现政府支出存在结构失衡的问题：我国政府投资结构中，仅有教育投资与经济增长是正相关关系，其他投资与经济增长呈负相关关系。[②] 何庆光通过对我国公共投资、经济增长与市场化进程进行分析，认为我国市场化程度、公共投资与经济增长之间存在动态均衡关系。[③]

国内学者也对农业基础设施政府投资对农业经济增长和农村经济发展展开了研究。林毅夫认为，拉动农村消费，必须要解决农村水、电等基础设施方面的问题。这类设施还属于劳动密集型，能够拉动农村就业。[④] 徐敏丽认为农村基础建设支出拉动了农业生产值的增长，当农业生产值的短期波动偏离长期均衡时，基本建设支出会将非均衡状态拉回到均衡状态。[⑤] 毛艳玲、傅春和肖教燎认为农村基本建设投资与农民人均收入之间具有正向均衡关系，但是农业基础建设投资短期内不会促进农业经济增长。[⑥] 汪小勒和姜涛引入农田水利灌溉面积和农村电力消费数据作为模型分析变量，认为政府投资对于农业技术效率和农业增长具有促进作用。[⑦]

3. 国内外研究述评

国外学者对政府投资与经济发展关系的研究较早，著名经济学家凯恩斯、索罗等对这一方面都有所阐述，在早期就证明了政府投资与经济发展的密切相关性。国外学者的多方面研究给予我国学者系

---

① 张龙，贾明德. 财政支出与财政收入对经济增长的影响的实证分析[J]. 预测，2009(1).

② 王春元. 我国政府财政支出结构与经济增长关系实证分析[J]. 财经研究，2009(6).

③ 何庆光. 政府公共投资、经济增长与市场化进程的实证分析[J]. 统计与决策，2010(10).

④ 林毅夫. 加强农村基础设施建设，启动农村市场[J]. 农业经济问题，2000(7).

⑤ 徐敏丽. 农业基础设施对农村经济影响的动态分析[J]. 学术交流，2008(1).

⑥ 毛艳玲，傅春，肖教燎. 我国农业基本建设投资的协调性[J]. 南昌大学学报，2008(2).

⑦ 汪小勒，姜涛. 基于农业公共投资视角的中国农业技术效率分析[J]. 中国农村经济，2009(5).

统的研究方法和研究思路，一些著作至今仍是这一方面研究的重要参考著作。近年来模型方法受到重视，成为这一方面研究的主流方法，它主要利用实证数据来分析不同国家和地区的具体问题，为国内学者研究方法的扩展提供了新的工具。

国内学者对于政府投资与经济发展关系的研究近几年较多，学者们的结论也都基本一致，即政府投资与经济发展呈正相关关系。模型化是现阶段研究的主流，主要通过对比分析不同省份和地区的数据来对政府投资与经济发展的关系进行实证考量。国内学者对这一方向的研究角度较多，分析也较为详细，但是理论创新不足，研究还停留在通过借鉴国外理论和利用模型进行分析的初步阶段，对一些具体问题还没有形成统一的认识。

（四）政府改革与政府投资（公共支出）研究综述

1. 国外学者关于政府改革与政府投资（公共支出）的研究综述

亚当·斯密将政府角色定位为“守夜人”，将政府的投资主要限定于提供社会公共产品，满足社会需求。[①] 为此，政府的职能应该是保护社会，使其不受其他独立社会的扰害侵犯；设立严正的司法机关；建设并维持一定的公共土木事业及一定的公共设施。Maynard Keynes 从宏观经济角度研究和分析政府投资的作用，认为政府投资的定位和作用应该转变。[②] 他认为，政府投资不仅可以有利于刺激民间资本的投入，同时政府也可以利用政策手段实现资源优化配置，保持社会稳定。Paul A. Samuelson 认为凯恩斯的宏观经济政策是有效的，投资能够刺激需求，实现经济增长。[③] 但是，他更主张通过政府支持方式的转变来调节总需求。Milton Friedman 反对政府投资和积极干预，认为政府政策应该进行转变，转为以货币政策为主要手段的宏观调控。[④] Rodan 认为政府投资所提供的产品和服务具有间接性，政府投资是整个国民经济的基础性投入。他认为，发展中国家政府应

---

① 亚当·斯密.国富论[M].郭大力，王亚南译.上海：上海三联书店，2009.

② Maynard Keynes.就业、利息和货币通论[M].陆梦龙译.北京：中国社会科学出版社，2009.

③ Paul A. Samuelson.经济学[M].萧琛等译.北京：人民邮电出版社，1992.

④ Milton Friedman, *Development Policy: A Case Study of Venezuala*, Cambridge: Mit Press, 1966.

该根据实际情况适时调整投资政策重点。[①] Musgrave 认为不同阶段政府要有不同的投资重点,政府职能和投资应该适时转变。[②] 而且,他提出政府投资阶段增长理论,即在经济发展的不同阶段政府投资的侧重点不同,政府职能也不同。

2. 国内学者关于政府改革与政府投资(公共支出)的研究综述

袁星侯从制度的角度分析了公共支出改革所引致的政府改革。[③] 他认为,要推进公共支出改革,就要从政府与市场的关系来认清这场改革,使"自上而下"改革与"自下而上"改革相结合,公共支出改革才能取得成功;另外,改革措施要有弹性,治标与治本需要相结合。对公共支出改革最为重要的是,它必须与转变政府职责相结合。宁素娟认为公共支出改革是经济体制改革的重要组成部分。伴随着我国市场经济体制的逐步完善,公共财政改革是否到位,支出改革是否与时俱进,对于促进政治体制改革、加快转变政府职能、不断提高国民经济运行质量具有重大意义。她认为改革要从六个方面入手,即支出内容要净化,支出结构要优化,支出改革货币化,预算编制要细化,支出管理规范化,支出监督法制化。[④] 马昊和曾福生从县乡财政的角度研究政府改革与政府投资的关系,认为农业税改革加重了县乡财政的负担并使不均衡情况更为严重,这就导致县域内公共产品供给和其他相关投资不足。[⑤] 为了有效履行基层政府职责,农业税改革倒逼政府进行相关改革,如明确划分县级财政的事权、调整支出范围,培植县级财政的主要税种,规范县级财政的转移支付制度、加大对财政困难县的财政转移支付力度等。陈华和赵俊燕从四万亿元投资角度研究了政府投资与政府改革的关系。[⑥] 他们以国家四万亿元投资计划出台为背景,对政府投资绩效改革进行了探讨。他们认为,要有

---

① Rodan, *Notes On the Theory of the Big Push*, New York: St. Martin Press, 1966.

② Musgrave, *Provision for Social Goods*, New York: St. Martin Press, 1969.

③ 袁星侯. 公共支出改革:从制度需求到制度供给的转化[J]. 经济研究参考,2002(18).

④ 宁素娟. "六化"推进政府公共支出改革[J]. 山东审计,2003(12).

⑤ 马昊,曾福生. 制度创新:农业税取消后县级财政的根本出路[J]. 湖南农业大学学报,2008(2).

⑥ 陈华,赵俊燕. 4 万亿财政刺激计划资金来源、投向及相关制度构建[J]. 地方财政研究,2009(4).

效利用四万亿元投资，需要政府投资体制进行改革，如建立投资项目责任人制度，严格科学评估项目，提高项目审批和运作的透明度，成立包括普通民众在内的监督小组，建立资源循环利用机制等。王曦、陆荣从政府四万亿元投资的短期作用和长期影响的角度探讨了投资与改革的关系。[①] 他们认为四万亿元投资将会对市场化改革的理念形成冲击，是对市场化改革理念的倒退，长期来看将会对政府投融资体制产生巨大影响。政府直接干预市场的方式和手段将会影响政府的信用和货币、汇率的稳定，进而推进政府在金融和财政领域的改革。

3. 国内外研究述评

国外学者对政府改革与政府投资的研究较早，从经济学鼻祖亚当·斯密开始对这一方面就有所涉及。著名经济学家凯恩斯、萨缪尔森等在这一方面也有所研究。但近些年国外学者对这一方面的研究较少，学者无法挣脱前人研究的束缚，理论创新较少。

国内学者对这一方面的研究较为零散，一些学者从四万亿元投资的角度对政府改革与政府投资进行了研究，一些学者从农业税改革的角度对政府改革与政府投资进行了研究。但是，国内学者尚未形成系统的理论体系，也没有学者展开系列和系统研究。国内学者多以政府某项投资政策作为切入点，来研究政府改革和政府投资，研究范围广，但是深度不足。而且，现阶段的研究还主要以规范研究为主，实证分析较少。

三、研究方法

本书采用的主要研究方法包括规范研究和实证研究。规范研究主要体现在对农村基础设施、农村基础设施供给、政府职能和政府投资行为的界定与提炼，对于农村基础设施供给中的政府投资机制及其局限性、政府对农村基础设施投资的资金来源及保障机制等部分的分析中。实证研究主要体现在对农村基础设施需求和政府投资的实证分析部分，通过对内蒙古、山东、甘肃、山西、安徽等省区农村基

---

① 王曦，陆荣．危机下四万亿投资计划的短期作用和长期影响[J]．中山大学学报，2009(4)．

础设施相关数据的整理、比较和分析,研究发现农村基础设施需求不仅数量庞大,而且不同地区呈现多样化趋势;与农村基础设施需求相比,农村基础设施的政府投入却呈现量少且分散的状况,无法满足农村基础设施建设需求,而且差距较大。实证分析还体现在政府对农村基础设施投资效益分析部分,本部分采用计量经济模型方法,其目的是要把实际经验的内容纳入经济理论,确定表现各种经济关系的经济参数,从而验证经济理论,预测经济发展趋势,为制定经济政策提供依据。具体而言,本书采用中级计量经济模型分析方法,主要通过实际经验来选取投资和收益的代表指标,以此得到相关计量模型,再对指标之间的相互关系进行分析,从微观的变量关系角度来对政府投资农村基础设施建设的经济效益进行把握。在上述计量分析的基础上,本书运用 EViews 3.1 软件对相关指标数据进行了定量分析,借此研究政府对农村基础设施的投资效益。

另外,本书在研究过程中还涉及历史研究和比较研究。历史研究体现在对中国农村基础设施投资机制的历史变迁及其效应的分析部分。比较研究体现在对国外政府在农村基础设施供给过程中的投资模式所做的分析部分,通过对美国、韩国、澳大利亚等国家农村基础设施建设的不同投资模式进行分析比较,提炼出了对中国农村基础设施建设投资模式的借鉴和启示。

四、研究内容和框架

除导论和结语外,本书共有八个部分。第一章是农村基础设施及基础设施供给理论,主要介绍基础设施、农村基础设施的相关概念及其特点和功能,重点是对农村基础设施概念体系的梳理和构建,将农村基础设施作为一个独立的研究对象提出。本部分依托基础设施供给的一般理论和农村基础设施的特殊性,提出了农村基础设施供给中地方政府的主要角色和五大职能,为后面研究政府在农村基础设施建设中的投资行为搭建了理论框架。第二章是对农村基础设施需求的实证分析。根据农村基础设施的不同类型,本章从总体需求和具体案例两个维度进行了分析,分别总结了农村公路、农村能源基础设施、农村水利基础设施、农村饮水工程、农村公共卫生基础设施、农村信息通信基础设施、农村教育基础设施的总体需求和不同地区的具体需求,为分析农村基础设施供给与政府投资奠定了量化基础。在此基础上,本章提出按照效率与公平相兼顾的原则,构建一个符合中国农村实际情况,切实满足社会主义新农村建设,统筹城乡发展和构建和谐社会要求的农村基础设施供给制度迫在眉睫。第三章是对政府在农村基础设施建设中的投入与农村实际资金需求的差距分析。本部分在结合前述农村基础设施需求的基础上,结合政府在不同领域农村基础设施建设中的投资数量,分析了需求和供给的差距以及造成差距的相关因素,为下文提出完善和构建农村基础设施投资体系作了铺垫。第四章是政府对农村基础设施投资效益分析。本部分通过构建计量模型和相关要素的选择,以内蒙古自治区政府对农村基础设施投资为分析案例,重点分析了牧区围栏建设、乡镇(苏木)卫生院、教育基础设施、道路基础设施等方面的情况。上述分析认为,现阶段我国政府对农村基础设施投资的效益还不高,特别是在生活性基础设施领域,巨大的投资金额和规模并没有取得预期的经济和社会收益。这是困扰目前政府投资农村基础设施建设的主要问题。针对这个结论,本部分还围绕政府投资农村基础设施效益低下的原因,从政策、制度和人为三个角度进行了系统分析。第五章是对农村基础设施供给中的政府投资机制及其局限性的分析。本部分首先梳理了当前中国各级政府在农村基础设施建设中不同类型的投资机制,包括转移支付制度、专项财政补贴、一事一议制度等,并有针对性地分析了现有投资机制的局限性,进一步验证了应该建立适应中国农村实际需求的有效投资机制的判断。第六章对国外不同层级政府在农村基础设施供给过程中的投资行为模式进行了分析。通过对美国农村基础设施投资模式、韩国基础设施投资模式、澳大利亚基础设施投资模式、英国基础设施投资模式、法国基础设施投资模式、日本基础设施投资模式、以色列基础设施投资模式的系统分析,提炼出国外农村基础设施建设投资成功经验和国外政府投资农村基础设施建设对中国的启示。第七章是对农村基础设施投资过程中各级政府财政分权的分析。本部分从农村基础设施的属性,即公共性与服务性共存的特征出发,论证了各级政府在农村基础设施建设领域投资的地位和作用，提出了财政分权在农村基础设施建设过程中的重要性和必要性，并通过对中国农村基础设施投资机制的历史变迁及效应分析进一步验证了这一观点；在此基础上，分析了现阶段中国农村基础设施建设过程中财政分权的局限性。第八章尝试构建农村基础设施供给中政府投资行为新模式。本部分在前述分析研究的基础上，从构建资金来源渠道和相关保障机制两个维度提出具体思路，包括加大地方政府投资力度、调整财政支农结构、加强基础设施建设资金管理、推动农村基础设施投资行为与金融活动相融合、大力引进民间资本等具体措施；为保障上述措施的有效落实，建议从完善财政制度、统筹城乡基础设施建设、建立健全农村基础设施多元化投资机制、完善支农资金整合机制、综合运用财税政策支持农村基础设施建设、强化公共财政投资农村基础设施的监管力度等多个层面给予保障。

第一章　农村基础设施及基础设施供给理论

第一节　基础设施相关概念

一、基础设施的概念和外延

基础设施概念的提出和广泛使用大约是在20世纪40年代，经济学领域中发展经济学家们和世界银行就基础设施概念等一系列问题提出了富有价值的系列观点。

发展经济学平衡增长理论的先驱保罗·罗森斯坦-罗丹（Paul Rosenstein-Rodan）认为，基础设施是社会的先行资本，它为其他产业创造投资机会。社会先行资本包括电力、运输、通信等所有基础工业。这些基础工业的发展必须先行于那些收益来得快的直接生产投资，它构成了社会经济的基础和国民经济的分摊资本。[①]

姆里纳尔·达塔·乔德赫里在评述罗森斯坦-罗丹的"平衡增长的大推进"战略思想时，也阐述了他自己对基础设施部门的理解。他认为，对基础设施部门的确定存在许多困难。按照狭义的观点，基础设施是指公用事业的"硬件"，如运输和通信、电力生产和供应，以及供水排污等城市基础设施；在农业及相关活动的发展中，灌溉系统和其他管水工程也是基础设施。从社会分担资本的角度看，发展中国家既然存在着广泛的问题，那么，教育、科学研究、环境、公共卫生以及司法行政管理系统，就都应算做基础设施，它们都包含有经济活动的功能。

艾伯特·赫希曼在其《经济发展战略》一书中，将基础设施定义为社会间接资本。他认为，社会间接资本是指进行第一、二及三次产

---

① Paul Rosenstein-Rodan, "Problems of Industrialization of Eastern and South-Eastern Europe", *The Economic Journal*, Vol. 53, No. 210/211, June-September 1943, pp. 202-211.

业活动所不可缺少的基本服务。一项活动是否属于社会间接资本活动的范围取决于以下条件:(1) 这种活动所提供的劳务在某种意义上是其他许多经济活动得以进行的基础;(2) 在所有国家中,这些劳务实际上都是由公共团体或受官方控制的私人团体无偿提供或按公共标准收费提供的;(3) 社会间接资本提供的劳务不能从国外进口;(4) 社会间接资本的投资,如果它的产出量是可以衡量的话,那么投入—产出之比是很高的,而且由于这种投资具有技术上的不可分性,因而需要具备相当的规模以集中进行。赫希曼认为,具备前三个条件的社会间接资本,属于广义上的基础设施,包括法律、秩序、教育、公共卫生、运输、通信、动力、供水以及农业间接资本如灌溉、排水系统等所有的公共服务。而狭义上的社会间接资本同时满足以上全部四个条件,主要指港口设备、公路、水力发电等项目的建设。

P. H. 库特那认为,人们通常所说的社会先行资本的概念包括三个要素:(1) 首先是为工业生产服务;(2) 这种服务是难以流动的;(3) 投资的特点具有明显的规模经济性,需要经过长期酝酿,以及有持久的耐用性。

美国经济学家罗斯托将基础设施定义为社会先行资本,意指在经济起飞前就必须建设的社会基础设施。他认为:"社会基础设施的先行建设,……是起飞的一个必要但不是充分条件。""在起飞可能出现之前,从最广泛的意义上说,……必须要有最低限度的社会基础设施建设。"①

舒尔茨和贝克尔认为基础设施包括两部分:一类是核心基础设施,主要指交通和电力,其作用是增加物质资本和土地的生产力;另一类是人文基础设施,包括卫生保健、教育等,这类基础设施的作用是提高劳动力的生产力。这一对基础设施的宽泛定义被学者和政策制定者及执行者广泛接受。②

世界银行在1994年以基础设施为主题的发展报告中,将社会基础设施定义为永久性的成套的工程构筑、设备、设施和它们所提供的

① W. W. Rostow, The Stages of Economic Growth: A Non-Communist Manifesto, Cambridge: Cambridge University Press, 1960, p. 57.

② 邓淑莲. 政府与基础设施的发展[D]. 上海财经大学博士学位论文,2001.

为所有企业生产和居民生活共同需要的服务。报告认为,基础设施种类繁多,其中经济基础设施主要包括三部分:(1) 公共设施,如电力、电信、自来水、卫生设备和排污、固体废弃物的收集和处理、管道煤气等;(2) 公共工程,如公路、大坝和排灌渠道等水利设施;(3) 其他交通部门,如铁路、市内交通、港口和航道、机场等。①

综观国外学者的研究,基础设施的定义有狭义和广义之分。狭义的基础设施主要是指经济性基础设施,包括交通运输、通信、电力、供排水等公共设施和公共工程等。广义的基础设施除此之外,还包括教育、法律、卫生以及行政管理等部门,但一般不包括能源、原材料等基础工业。

国内学者对基础设施的具体含义和范围认识存在较大差异。魏礼群教授在其《真正把基础设施建设放在先行的战略地位》一文中认为,基础设施是为社会生产和人民生活提供基础产品和服务的,是一切经济和社会的载体,是国民经济的重要组成部分,主要包括交通运输、通信、水利和城市供排水、供气、供电等公用设施以及能源。冯兰瑞教授在《论基础结构市场化及股份制改造》一文中,将基础设施称为基础结构,并将其区分为狭义和广义两种。狭义的基础结构是指交通运输、通信体系、能源等基础设施,广义的基础结构还包括提供无形产品的部门,如教育、文化、科学、卫生等。② 学术界虽然也认可既包括交通、通信等物质性基础设施,又包括教育、卫生保健、法律等人文基础设施在内的广义基础设施概念,但学术界目前普遍使用和讨论的基础设施的含义被限定为物质性基础设施,是指在社会生产和人民生活中起基础作用的公共工程和公共设施。它包括道路、铁路、机场、港口、桥梁、通信、水利工程、城市供排水、供气、供电、废弃物的处理等。

二、基础设施的特征

基础设施种类繁多,但基本上都具有以下特征:

---

① 世界银行. 1994 年世界银行发展报告:为发展提供基础设施[M]. 北京:中国财政经济出版社,1994,13—15.

② 董明慧. 天津开发区基础设施投融资体制改革研究[D]. 天津大学硕士学位论文,2004.

(1) 基础性和先行性。基础设施所提供的公共服务是所有商品和服务的生产所必不可少的,若缺少这些公共服务,其他商品与服务便难以生产或提供。正因如此,基础设施又被称为社会先行资本,它所提供的产品和服务的性能和价格的变化,必然会对其他部门产生连锁反应。①

(2) 不可贸易性。绝大部分基础设施所提供的服务几乎都是不能进口的。一国可以从国外融资、引进技术,却不能从国外整体引进电厂、机场、公路等基础设施。②

(3) 自然垄断性。基础设施的自然垄断性表现在如下三个方面。一是基础设施具有大量的沉淀资本。每一类基础设施都建有自己的网络以输送能源、材料、信息、产品或人口,而网络的建设和维护费用巨大,是提供基础设施服务总成本的主要部分。而且,从资本规模和技术工程的角度看,基础设施必须一次性进行大规模投资,这种投资具有不可分性。因为基础设施项目规模宏大,且各部分相互联系,互为依存条件,缺一不可,必须同时建成才能发挥作用,因而一开始就需要有最低限度的大量资本作为创始资本,少量、分散的投资不起作用。基础设施投资的不可分性决定了基础设施的初始投资巨大,而且,由于大部分物质性基础设施的资产具有耐用性、专用性和非流动性,资产不易出售或转作他用,因而投资一旦实施,就会形成大量的沉淀资本,而变动成本的比重较小,从而在客观上形成了市场进入障碍,即使没有管制,竞争者也不容易进入市场,由此更加强了某些基础设施服务的自然垄断性。二是服务的地区依附性。物质性基础设施提供的是服务而不是产品。这些服务的显著特点是就地生产、就地消费。例如,供水服务在一定的水压下向特定的区域供应自来水;污水处理服务向某一地区提供污水净化服务;交通服务在特定的路线上将货物和人口从甲地输送到乙地;供电和供气服务则将能源输送到一定地区;通信服务将信息从一地传输到另一地等。基础设施服务的地区依附性特征,使得基础设施服务的提供依赖于一定的地

---

① 赫尔希曼. 经济发展战略[M]. 北京:经济科学出版社,1991,71—79.
② 张培刚. 发展经济学教程[M]. 北京:经济科学出版社,2001,314.

区和特定的路线；从使用者的角度看，不同地区、不同线路提供的同一服务是不同的，也不具有显著的替代性。这一特征也使得异地的同类企业难以与本地的企业展开竞争。三是规模经济性。基础设施服务的自然垄断性还表现为规模经济效益，现实中使用同一网络向不同的使用者提供服务比对不同用户分设不同的网络更为经济节省。[①]

(4) 外部性和准公共产品性。除了不拥挤的乡村公路外，物质性基础设施所提供的服务很少具有纯公共产品性，但外部性却非常明显。例如，污水、垃圾处理及向居民提供洁净饮用水，有利于居民身体健康和环境保护；饮用水的供应将减少河水流量，可能改变河流的原有面貌，甚至影响河流周边及沿岸的生态系统；交通运输可能造成空气污染和温室效应等。

三、基础设施的分类

根据不同的分类标准，基础设施可划分为不同的类型：

(1) 按基础设施内容的宽泛度，可以划分为狭义基础设施和广义基础设施：前者包括交通运输、通信、电力、供排水等公共设施和公共工程；后者除了包括狭义基础设施之外，还包括教育、卫生等。

(2) 按基础设施服务于社会经济活动的属性，可划分为生产性基础设施、生活性基础设施、保障性基础设施和综合性基础设施四类。生产性基础设施主要服务于社会生产活动；生活性基础设施则是为了满足居民的生活需求；保障性基础设施包括环保、医疗卫生等基础设施；综合性基础设施兼具服务于生产与生活两大功能，如公共交通、通信、电力等。

(3) 按照项目区分理论可划分为经营性基础设施、准经营性基础设施和非经营性基础设施。[②] 经营性基础设施有收费机制，并且能够通过市场进行有效配置，达到利润最大化；准经营性基础设施有收费

---

① 董明慧. 天津开发区基础设施投融资体制改革研究[D]. 天津大学硕士学位论文, 2004.

② 费振国. 我国农业基础设施融资研究[D]. 西北农林科技大学博士学位论文, 2007.

机制和潜在利润，但因政策和收费价格未到位等客观因素无法收回成本，这类基础设施需要政府适当补贴以维持运营；非经营性基础设施没有收费机制，故市场机制失效，这类投资只为获取社会效益和环境效益，因而只能由政府财政承担。

此外，按照基础设施发挥作用的范围，可以分为国家基础设施、区域基础设施、城市基础设施和农村基础设施等。[①]

第二节　农村基础设施

一、农村基础设施的概念及分类

学术界普遍认为，农村基础设施是指为发展农村经济和保障农民生活所必需的公共设施及服务的总和。根据1994年世界银行发展报告中对基础设施的分类方法，农村基础设施从大类上也可以分为两类：一类是经济类基础设施，另一类是社会类基础设施。

农村基础设施从其具体包括的内容上看，又可以大致分为三类：第一类是生态环境类，主要包括水土流失治理工程、环境污染综合治理工程、荒漠化防治工程等；第二类是灌溉及仓储类，主要包括农村用于灌溉的各种沟渠、物资保管的仓库、储藏室等；第三类是除了第一类和第二类以外的农村基础设施，主要包括农村公路、铁路、水路、港口、码头、桥梁等设施和船舶、车辆等交通运输工具，水库、各种河流、生产供水设施、土壤改良、人畜供水设施，农村邮政、电信等通讯活动设施，电视、广播、网络等信息业务设施以及农村集贸市场等。

参照中国新农村建设的相关法规文件，农村基础设施包括：农业生产性基础设施、农村生活基础设施、生态环境建设、农村社会发展基础设施四个大类。(1) 农业生产性基础设施：主要指现代化农业基地及农田水利建设；(2) 农村生活基础设施：主要指饮水安全、农村沼气、农村道路、农村电力等基础设施建设；(3) 生态环境建设：主要指天然林资源保护、防护林体系、种苗工程建设，自然保护区生态保护

---

① 司增绰. 基础设施供给竞争与地区经济集聚研究[M]. 北京：经济科学出版社，2012,8.

和建设、湿地保护和建设、退耕还林等，涉及农民吃饭、烧柴、增收等当前生计和长远发展问题；(4) 农村社会发展基础设施：主要指有益于农村社会事业发展的基础建设，包括农村义务教育、农村卫生、农村文化基础设施等。

二、农村基础设施的功能

农村基础设施对推动农村经济的发展，乃至对推动整个国民经济的发展都具有重大作用，它的功能不仅体现在“三农”的生产和生活领域，而且整个社会范围都会有所体现。一个地区的经济发展水平和农民的生活生产条件的优劣很大程度上取决于该地区农村基础设施的发展状况。具体来说，农村基础设施的主要功能体现在如下几个方面。

第一，降低农产品的生产成本，提高农产品的市场竞争力。健全的农村基础设施可以降低农产品的生产成本、储存成本、运输成本及销售成本等交易成本，如便利的灌溉系统可以直接降低农产品的生产成本，发达的农村公路可以减少农产品的运输成本，进而提高农产品的市场竞争力。

第二，提高农业和农产品的抗风险能力。农业本身就是一个兼具自然风险和社会风险的领域，受气候等自然条件的约束非常大，发达的农村基础设施能够有效地降低农业受自然条件的影响。例如，完善的病虫害预防系统能够将病虫灾害带来的生产损失降到最低；先进的农村金融信息系统能够防范农产品的市场风险，增强农产品的稳定性。

第三，促进农业生产效率提升。改善农村基础设施条件，可以全面带动农业生产向规模化、专业化、精细化、产业化方向发展；同时，发展农村基础设施还可以带动与农业相关的部门和产业的快速发展，发挥农业的辐射带动功能。

第四，提高农村地区人口就业能力，增加农民收入。农村基础设施的完善，可以就近吸纳大量农村剩余劳动力。我国农村现有大量剩余劳动力，农村基础设施的投资及其建设，完全可以就地吸收一部分人就业，既降低了这部分人的劳动力转移成本，同时也可以增加农民收入；农民收入增加了，消费也会随着增加，农村市场也就会更加活跃，也就带动了农村的消费，拉动了经济发展。

第五，促进农村优势资源转化。一个地区如果最基本的交通条件、通信条件、生产生活条件都不具备，那么这个地区的任何资源都不可能转化为实实在在的经济收益，即使这个地区有非常丰富的自然资源，如美丽的风景或丰富的矿产资源。当然也不会有投资商来投资开发，这就会耽误经济发展机会。

第六，强化广大农村地区的信息沟通，及时获取各类市场信息。发达的电视、广播、网络等信息基础设施可以加强广大农村地区与外界的信息交流，尤其是在信息时代的今天，通过信息基础设施，农民可以快速获取农业发展与生产种植等相关知识和市场信息，还可以随时了解国内外政治、经济、社会、环境等发展动态，开阔视野，提高农民整体素质，有利于农村市场的完善和健康成长。

三、农村基础设施的特点

第一，农村基础设施及其供给具有很强的地区依附性。农村基础设施供给与所在地区和特定用途相关。从使用者角度看，不同地区、不同用途下提供的基础设施不同，不具替代性。例如，农田水利设施和农业防洪工程的受益范围应该是经常发生涝灾的地区，受地域限制较强，不在该地域的居民就无法获得相应的利益。正是由于农村基础设施普遍存在着地域上的局限，所以农村基础设施更适合由地方政府来提供。

第二，农村基础设施具有较强的外部效应。所谓外部效应，是指企业和个人从事某项经济活动给其他人带来利益或损失，而没有得到相应的报酬或者支付相应的成本的现象。依据带来结果的不同，可以将外部效应分为正外部效应和负外部效应。农村基础设施是外部效应较明显的典型。例如抵御自然灾害的农业基础设施，由于农业再生产过程与自然条件和气候条件密切相关，从表面上看这样的基础设施专门为农业生产服务，农业生产应该受益；其实这类基础设施的受益范围往往超出农业领域，社会其他领域或部门也能够从中获益。如防风林带、防沙林带、防洪堤坝的建设，在使农业生产直接受益的情况下,间接地改造和影响了周边环境,使更多产业、更广地域和更多人口受益,这就是所谓正的外部效应。农村基础设施除了正外部效应,也可能会出现负的外部效应。例如,农村公路的建设虽然方便了农民的生产和出行,但也有可能造成噪音污染和交通事故,这样就可能给农民的生产生活带来负面影响。由于外部效应的存在,当事人的收益与成本可能不对称,或者说,对于投资建设农村基础设施的生产者来讲,社会效益高于其他产业部门,而生产者的收益却低于其他产业部门。因而,投资基础设施的私人投资者无法很好地解决农村基础设施供给不足的问题,需要通过政府部门和公共财政投资来弥补。

第三,农村基础设施具有较强的垄断性。基础设施自身的特点决定了大多数农村基础设施具有自然垄断性。农村基础设施的资产具有固定性和专用性,因而投资一旦实施或基础设施建成之后,就会形成大量的沉淀成本,从而在客观上形成市场进入障碍,造成自然垄断;即便在此领域不存在政府管制,竞争者也不愿意进入该市场,从而更加大了农村基础设施供给的垄断性。另外,有些农村基础设施具有较大的规模效应,随着投入的增加,其单位成本在下降,而效益递增,所以由一家或极少数几家供给者垄断经营才能有效降低成本,获得规模收益,进而加重了农村基础设施的垄断性。农村基础设施供给的垄断性,影响着农村基础设施建设投资的方式和资金来源等一系列问题。

第三节 基础设施供给理论

一、作为公共产品的基础设施供给

基础设施作为典型的公共产品,其供给从理论上来讲符合公共产品的供给规律。概括起来,学术界关于公共产品供给的理论主要有三种代表性观点:政府配置论、市场配置论和多中心公共经济论。这三种截然不同的理论,是世界上多数国家的政府用以设计公共产品(包括基础设施)资源配置制度、履行公共产品供给职能的理论源泉。

1．市场失灵—政府配置干预论

凯恩斯主义的代表人物萨缪尔森以典型的公共产品——灯塔为例，系统地探讨了市场机制无法有效解决具有外部性的公共产品的资源配置问题。他认为当物品是公益物品，因而不可排他和不可分时，公共产品的生产和需求就难以通过市场机制来反映，而且公共产品始终存在着规模报酬递增的性质，具有递减的边际成本，若按边际成本等于边际收益的原则确定其价格和产量，将不能弥补产品生产的全部成本，使得由市场机制决定的公共产品供给量往往低于有效率的水平，甚至其供给量为零，这就是理论界所谓的市场失灵。为了实现公平与效率，只有政府才能弥补市场机制的这一缺陷，即实行政府干预。此后，运用斯密的秩序概念来处理所有的私人品，而用霍布斯的主权国家概念来处理所有的公共产品，也就成为市场经济国家资源配置制度安排的普遍选择。从具体实践来看，在凯恩斯主义经济学盛行的年代里，西方国家普遍奉行政府干预经济的政策，用政府权威直接或间接地垄断了公共产品市场。其结果不仅直接导致公共部门规模日趋膨胀和财政赤字增加，而且还因政府失灵的存在，导致公共资源配置和利用效率低下，公共管理成本上升。随着时间的推移，政府垄断配置和利用公共资源的能力及有效性越来越受到选民的普遍怀疑。

2．政府失灵—市场配置论

政府采用各种非市场方式垄断公共产品供给的低效率实践，暴露了凯恩斯干预理论的局限性。种种疑惑促使人们不得不回过头来重新审视长期遭受冷落的各种新自由主义经济学派的理论。随着20世纪70年代凯恩斯干预理论的逐渐衰落，以弗里德曼为代表的新货币主义、以拉弗等为代表的供给学派、以华莱士等为代表的合理预期学派、以科斯为代表的产权学派、以加尔布雷斯为代表的新制度学派、以布坎南为代表的公共选择学派等新自由主义思潮逐步兴起，对公共产品供给制度变迁的影响也越来越大。上述各学派的理论及其政策主张虽有分歧，但其基本的经济主张却是趋于一致或相近的。(1) 古典经济学的“看不见的手”的原理仍然是正确的；(2) 资源的有效配置只能由市场来执行，任何市场以外的力量都不能代替市场的作用，而只会起破坏作用；(3) 即使市场本身具有难以克服的缺点，但克服市场缺点的唯一办法，仍然在于通过产权明晰等措施来予以完善，而绝不能依赖市场以外的力量，即政府干预来解决；(4) 以往之所以出现市场失灵，其原因正是由于政府干预的结果，而不是市场自身的原因；(5) 政府本身也有不可克服的致命缺陷，即“政府失灵”也是一种客观存在。从实践层面看，自20世纪70年代末和80年代初，西方发达国家就开始尝试运用新自由主义各种学派的理论，调整政府与市场、公共部门与私人部门之间的关系，并进行政府对公共产品生产、提供与分配制度的创新。以美国为例，早在20世纪80年代初，美国政府就开始通过多个层面的制度变革来探索政府管理的新模式，即政府职能定位的市场化取向，试图解决政府“做什么”的问题；政府公共产品产出的市场化趋向，试图解决政府“如何做”的问题；政府公共部门内部管理改革的放松规制取向，试图解决的是如何调整公共部门的责权利关系、建立内部激励和约束机制、提高行政管理和公共产品供给效率等问题；中央政府和地方政府间的分权取向，试图解决的是地方公共事务、公共支出责任、地方公共产品供给，中央政府应放手让地方政府自己去处理的问题。西方国家以“更多的市场”和“更少的政府”的非官僚化取向的制度变革，已经明显提高了行政管理效率和公共产品资源配置效率，至今这一改革仍在不断向纵深推进。

3. 多中心公共经济论

在公共产品的理论研究与实践中，凯恩斯主义和各种新自由主义把政府选择与市场选择看做非此即彼的对立关系。对此，奥斯特罗姆在运用制度经济学和公共选择理论对公共产品中的“警察产业”以及公共资源中的“公共池塘”的制度安排的系统研究中，提出了与之不同的“多中心公共经济理论”。在奥斯特罗姆看来，一个制度安排导致次优，并不等于说明另外一个制度安排表现得更好。她认为，在有效提供和生产公共产品特别是地方性公共产品如“公共池塘”方面，政府垄断与市场垄断同样都会失败。市场垄断必然会导致资源配置的低效率，这已为经济学所证明。那么，政府垄断是否就会更好一些？同样不会。因此，当不同人群之间对城市基础设施的投资等地方公共产品的偏好水平和类型存在实质性差异时，就不存在已知的投票机制把个人偏好转变成稳定的反映“公共利益”的集体偏好。在庞大的公共官僚机构中，信息丢失、回避责任、预算最大化等问题都是严重的，而减少回避责任和腐败的机制又是难以建立的。而且，因政府还握有其他经济主体无法与之抗衡的征税权、禁止权等，一旦形成政府垄断就难以消除。她的结论是：市场和国家在现代政治经济生活的这些领域里都无法增进福利。政治经济学家需要一组比“一个”市场或者“一个”国家更为丰富的政策设计框架。那么，在市场与政府之外，还有没有第三种制度安排可供选择呢？奥斯特罗姆的答案是肯定的。既然公共经济及其每一个公共产业部门内部是有层次、多属性的，那么，以生产、提供和分析公共产品为基本职责的公共经济的制度安排，也就存在多种可能的选择与组合，而并非只是在政府与市场之间非此即彼的单一选择。

就公共产品的生产而言，至少有六种不同的制度安排可供选择：(1) 建立和经营其“自己的”生产单位；(2) 与一个私人企业签约；(3) 与另外一个政府单位签约；(4) 从自己的生产单位得到一些公共产品，而从其他政府或私人生产者那里得到其他的公共产品；(5) 确立得到授权的公共产品的生产者必须遵循的服务标准，并允许每一个消费者选择零售商，并从得到授权的供给者那里得到服务；(6) 把凭单发给家庭，并允许他们从任何得到授权的公共产品的供给者那里购买公共服务。如果对上述制度安排再视具体情况进行组合，公共产品供给制度的选择就更为丰富了。奥斯特罗姆的多中心公共经济理论的贡献，不只是解决了公共产品生产环节的横向制度安排问题，更重要的是她冲破了公共产品理论研究与政府政策设计中政府与市场相互替代的思维定势，为公共产品理论研究和政府政策设计打开了新的想象空间。[①]

---

① 王丽娅. 关于民间资本投资基础设施领域的研究[D]. 厦门大学博士学位论文，2003. 在理论梳理过程中，本小节借鉴了王丽娅博士的观点，同时也进行了适当修正和补充。

二、基础设施有效供给

基础设施有效供给与基础设施供给相比而言,其核心思想主要有两层含义:一是尽可能地满足社会公共需要,二是基础设施所需资源尽可能地高效率配置。基础设施的有效供给取决于基础设施供给的补偿机制和基础设施的供给机制。基础设施供给的补偿机制因基础设施公共产品属性的不同而有所区别。对纯公共产品性质的基础设施而言,供给的补偿方式只能是税收。而对准公共产品性质的基础设施供给的补偿方式,可以是税收也可以是使用者收费。因此,基础设施的供给方式同补偿方式相关,即纯公共产品性质的基础设施由政府提供,准公共产品性质的基础设施,可以由政府通过市场或由市场来提供。①

1. 作为纯公共产品的基础设施的有效供给

纯公共产品从理论上讲是存在的,但现实中绝大多数公共产品都是准公共产品。在分析基础设施的过程中,学界把具有效用的不可分割性、消费的非竞争性和非排他性等特征,且往往产生较强的"搭便车"倾向的基础设施,勉强视为纯公共产品,进行学理上的分析。例如,公共绿化、环境保护、污染治理等这些基础设施让私人部门根据市场机制来提供,结果必然导致与社会消费需求的最佳水平不一致,要么是供给不足,要么是消费不足。在这种情况下,要实现作为纯公共产品的基础设施的最佳资源配置,只能通过政府税收或者收费来减少用于私人产品生产与消费的资源量,补充公共产品的生产,并免费向公众提供,这样才能改善资源的配置效率。因此,具有纯公共产品性质的基础设施的供给,必须由政府主导通过强制性融资提供。

尽管公共性很强的基础设施要由政府来提供,但这并不意味着基础设施供给是充分有效的。其原因是:(1) 要实现公共产品与私人产品的有效组合,政府必须掌握充分的信息以便作出决策。事实上这是不可能的。即使政府能够掌握足够的信息,但由于政府也是由

① 黄恒学. 公共经济学[C]. 北京:北京大学出版社,2010,96—115.

经济人组成的,当权者通常会把对自身利益的追求同公共决策混合起来。正如阿罗不可能定理所指出的,无法指望政府像一个富有理性的人那样,表现得行动一致。(2)政府部门的低效率、高成本以及政府官员对公共权力的追求,使得政府公共支出的总规模通常大于最佳产出水平。用布坎南的话说,政府就像大阔佬一样,总是不负责任地尽情支出,花光所有可资运用的资金。(3)基础设施的供给同税收补偿之间缺乏直接的线性联系。对纳税人而言,交税同他所享有的公共产品的直接关联度很低,纳税人难以了解自己交税后所获得的补偿是什么,显然这不利于调动纳税人自觉纳税的积极性,也不利于增加政府公共行为的透明度。因此,在作为纯公共产品的基础设施供给过程中,应注意几点:第一,在基础设施的配置过程中,尽可能使基础设施的社会边际效用等于边际成本,同时每一个人的边际效用等于个人的边际成本。此时,这一类基础设施的供给是充分的、有效率的,它使整个社会及每个成员都达到最满意的状态。第二,在基础设施的供给过程中要尽可能避免可能发生的政府缺陷,减少政府在信息和决策方面的失误,尽可能将基础设施需求规模同税收能力联系起来,建立公共产品补偿机制;同时,提高政府管理能力,降低管理成本和效率损失。①

2. 准公共产品性质的基础设施的供给

作为准公共产品的基础设施的范围非常广,可以说,随着消费观念、收入水平、经济制度和市场技术等条件的改善,很多基础设施都可以达到消费拥挤和实现价格排他,具有这些特点的基础设施兼具公共产品和私人产品的性质,学术界称之为准公共产品。准公共产品的供给一般主要有三种方式,即政府通过公共支出直接提供、政府借助于市场方式提供、政府通过政策刺激和制度安排引导私人部门提供。

政府通过公共支出直接提供主要是指政府无偿提供产品,通过税收或者公共支出补偿其成本。尽管准公共产品具有某些私人产品

① 王丽娅. 关于民间资本投资基础设施领域的研究[D]. 厦门大学博士学位论文, 2003.

的特质,大多数可以通过市场机制来供给,但对外部效益较大的基础设施如果通过市场提供,其效率损失会很大,而通过公共支出直接提供的效率损失就会相对小些。

政府借助于市场方式提供,即对具有消费排他性很强的公共产品,政府应通过强制性收费的方式补偿其成本,这样既可以提高基础设施的供给效率,又可以避免基础设施无偿使用所带来的拥挤效应和效率损失。

政府通过政策刺激和制度安排引导私人部门提供,是市场经济国家中较为常用的基础设施提供方式。这种方式的好处在于:首先,能将市场机制引入公共产品的生产过程,有利于基础设施提供的有效性和竞争性;其次,弥补政府财力不足,保证基础设施供给,减少政府的负担;再次,私人资本对基础设施供给的投资和介入,可以在一定程度上化解政府直接投资的低效率,有效控制政府垄断所导致的寻租行为和腐败的发生。

私人资本介入基础设施生产的方式主要有这样几种:一是通过投标方式参与政府项目的竞争。这种方式适合于那些定价容易、收费简便、具有规模经济效益的基础设施项目。政府可以在诸多投标企业中选择成本低、收费合理、信誉良好、资本实力雄厚的企业。利用这种方式提供城市基础设施是市场经济国家较为常见的方式。以美国为例,私人资本通过投标中标方式同政府签订合同提供基础设施的范围十分广泛,从街道照明、垃圾处理、道路维护,甚至到图书馆、博物馆等文化设施都可以由私人来提供。二是授权经营。对外在性显著的基础设施,如广播电视、报纸杂志、航海灯塔等,可以采取政府授权某私人企业或组织经营和管理的方式。从16世纪起英国航海业的浮标、信标、灯塔就是由国会向私人组织——“领港公会”颁发许可证,授权它建造和管理的;到19世纪中期,议会颁布法令,把英国所有的灯塔经营权全部授予“领港公会”。三是对那些具有排他性但公益性或外在性较强的基础设施,政府可以采取补贴、优惠贷款、政策倾斜等方式引导和鼓励私人企业经营。在美国,对民间机构、私人企业承担的一些风险大、周期长的尖端技术项目的研究和基础设施的建设,政府通常给予各种形式的经济资助。比如,教育这个被看成公益性很强的社会基础设施，就是政府和私人合作的重要领域，也是政府资助的重要领域之一。对私人承办的成人教育和高等教育，政府通常给予一定的资助。①

第四节 农村基础设施供给

由于农村经济发展水平相对较低，农民自我发展能力较弱，农村地区的全面发展对基础设施的需求体现出了更强的依赖性。农村基础设施建设是农村经济社会全面发展的重要基础和支撑，要实现农民增收、农业现代化和农村可持续发展，就必须要有完善的农村基础设施与之配套。近年来，我国农村基础设施建设力度和供给水平的不断提升，理论界不断探讨农村基础设施供给的新模式，实践中农村基础设施建设体现出了一些新的做法和特征，为研究农村基础设施建设中的政府行为提供了思路。

一、政府主导是当前农村基础设施供给的主要方式

如果某种基础设施具有了效用的不可分割性、消费的非竞争性和受益的非排他性，则它就被称为纯粹的公共产品。此类公共产品一经提供即能够惠及所及范围的每一个人，其间每个人的消费即为该物品的供给总量，不会影响和减少其他人的消费效用。公共产权使得人们的"搭便车"行为合理合法，而无需予以限制。因而由政府提供此类基础设施，人们的福利显然是改善和增进的，而且"每个人都有相同的商品束：没有哪个人对于其他商品束的偏好会超过对他自己的商品的偏好，因为他们都有着完全相同的东西"。这是政府应提供的一类公共产品，以保证社会的公正、公平、安全和效率。

在我国，首先中央政府具有提供全国性和跨区域性农村基础设施的职能。政府具有资源配置、收入分配与稳定经济等多项经济职能。就中央政府而言，其资源配置方面的职能主要是提供全国性和

---

① 句华．公共服务中的市场机制：理论、方式与技术[M]．北京大学出版社，2006，58—63．

跨区域性公共产品,成为全国性和跨区域性公共投资活动的主导力量。中央政府作为全国性和跨区域性公共投资活动的主导力量,表现在如下几方面:一是中央政府承担着全国性和跨区域性农村基础设施投资的大部分筹资责任;二是中央政府对全国性和跨区域性公共投资活动进行全局性布局规划和决策,并制定全国性公共投资战略;三是中央政府通过经济政策引导全国性和跨区域性公共投资活动的区位与产业选择,使不同项目、不同规模、不同区位的公共投资能够相互协调,防止不合理的重复投资和低效率投资现象;四是中央政府承担着在全国范围内协调不同区域的公共投资活动,使不同地方政府的公共投资活动相互协调,形成合理的分工合作关系;五是中央政府对全国性公共投资活动进行调控和管制,引导私人投资和外商投资活动,使公共投资与私人投资相协调。

其次,地方政府具有提供地方公共产品、从事地方公共投资活动的职能。在多级政府经济体系中,地方政府在本行政管辖区域内进行公共投资活动,通过地方公共投资活动的区位选择与产业指向,引导私人投资活动,促进区域资源优化,推动区域经济发展。地方政府的公共投资活动具有如下特点:(1) 地方政府是地方公共投资的主要筹资者,地方政府的筹资能力和预算支出直接影响到地方公共投资的规模和结构;(2) 地方政府既要对地方公共投资项目的区位选择和产业指向进行规划和决策,又要制定地方公共投资政策与发展战略;(3) 地方政府对地方公共投资活动进行干预和管制,使之成为实现区域经济社会发展目标的工具;(4) 地方政府在公共投资过程中要与中央政府或其他地方政府进行协调与磋商,为地方公共投资创造良好的外部环境;(5) 地方政府还通过引导私人经济活动为地方公共投资创造良好的市场条件,从微观层次优化地方公共投资环境。可见,通过地方公共投资促进区域经济发展,是地方政府的一项重要职能。

中央政府和地方政府在农村基础设施建设投资和管理过程中具有复杂的分工合作关系,承担着相互补充、相互协调的全国性、跨区域与地方基础设施的供给责任。[1]

二、社会供给是农村基础设施供给的中坚力量

政府作为公共产品的供给主体，承担着农村公用基础设施建设的主要责任，但公共产品的供给若借助于公共产权完全由政府负责提供，则侧重于消费的效率和公平，但其生产却是低效率的。针对我国农村基础设施薄弱、基础设施建设资金投入不足的现状，靠以往单一由政府投入建设完全不够；而采用私有产权完全由私人负责提供，则其注重生产的效率，忽视社会效益。若能将这两种产权形式结合起来，采用混合产权的形式，建立混合企业，则可以发挥它们各自的优势，提高消费和生产的效率。因此，对于一些公共性较弱，而经营性较强的农村基础设施的供给，如农村公路、邮电通讯、医疗设施等都可以采用这种混合产权结构的形式，即由政府和私人各自拥有一定比例的股份。这样，对混合企业负责人的监督就比单纯的私有企业和单纯的公有企业具有一定的优势，使他们既受到来自市场的压力又受到来自政府监管的影响和风险。来自私人股票持有者的压力，会增强企业负责人的"利润意识"，使其讲究生产的效率；来自政府的影响，则增加了企业负责人的"社会意识"，使其注重消费的效率。而政府通过这种股份转让的形式既可改进原有企业的产权结构，提高其生产效率；又可将通过产权转让形式获得的资金用于其他公共产品的提供，从而能更好地带动私有资本进入到公共产品的建设中来。

在我国，政府应制定优惠政策，引导社会资本和工商资本积极参加新农村建设，逐步形成多元化的投资机制，更好地满足新农村建设的资金需求。在政府投入不足的情况下，必须进行市场化运作，采取多种形式筹措资金，实行"谁建设、谁所有，谁投资、谁受益"的办法，调动企业和各界人士投资农村基础设施建设的积极性，对基础设施实行经营性管理，如对小型水库、泵站、供电设施等的投资，将经营管

---

① 徐梅. 论政府在西部农村基础设施建设投资中的分工合作[J]. 天府新论，2005(2).

理权和产权明晰并量化到自然人或法人，有偿使用，资金良性循环，以实现其经济价值。依托市场机制组建的农村基础设施投资主体，既是筹措资金的融资主体，又是投资基础设施建设的投资主体，但根据目前中国农民还不富裕的现状，为了使经济实体能够滚动发展，更好地服务“三农”，不断发挥经济实体的作用，政府需要给予扶持，增强经济实体的职能，鼓励和扶持其发展一些其他相关产业，弥补其投资基础设施带来的损失。

三、农民自给将是农村基础设施供给的新趋势

从宏观上及长期看，农村因基础设施相对落后而导致农民生产、生活陷入困境，农村社会与农业经济发展严重滞后于城市；从微观上及短期看，农产品销售难、农民增收难的局面也难以得到根本性改变。我国加入世贸组织以后，农产品又面临新的严峻的挑战。为此，必须下决心加大对农业的投入和支持，加快农村基础设施建设。从产权角度来看，若条件具备可单独采用私有产权的形式，让私有资本或外资进入到这些具有较好的赢利前景和潜在的竞争能力的行业，缓解政府资金的不足与公共产品建设之间的矛盾，同时，又可促进这些行业内企业之间的竞争，从而达到通过竞争的形式来促使企业效率的提高、自身激励机制的增强、成本的降低和公共产品有效供给增加的目的，改善基础设施供应短缺的状况，消除经济发展的“瓶颈”障碍。随着农民经济收入和生活水平的不断提高，农民有一定的自有闲散资金。对于资金和劳动力投入较少、一家一户能够承担和受益的项目，鼓励和支持农户自主决策，独立完成。对于村、组内多数农户受益的项目，采取村民大会一事一议作出决策，根据受益多少投资投劳，集体组织进行。集体有经济条件的，可由集体投资雇佣劳动力进行。对于可以争取到财政支农资金的项目，可由村、组出配套资金和投工投劳。由国家、省、市决策开工建设的重点农田基本建设项目，可由县和受益乡镇共同分担配套资金；能够投劳代替配套资金的，由县、乡分配任务，村、组落实到户。允许和鼓励农户独办或联户办，联户难以办到的，可以村为单位出资或出劳入股的形式兴建，收益按股分红，还可向社会公开招标，由中标者兴办。

总之，只要产权关系明确，并能根据各种基础设施的不同特点建立合理的产权结构，而政府能有效地建立和规范市场竞争机制，充分进行市场化经营，农村基础设施的供给效率就会得到提高，资源就能得到有效配置。

公共产品是具有非竞争性和非排他性特点的物品，这种性质使得人们具有“搭便车”的倾向，需要通过集体选择来为公共产品的筹资和生产决策，然而，集体选择并不意味着政府选择，集体选择也可能以非政府组织即市场组织或营利组织和非营利组织的形式出现。针对我国政府提供农村基础设施的范围过宽，提供形式过于单一的情况，在今后农村基础设施供给制度的构建中，应以政府供给为主，积极引导市场供给和自愿供给，实现供给主体的多元化。

第五节　农村基础设施供给中的政府职能

一、农村基础设施建设中地方政府的投资主体职能

大多数农村基础设施属于公共产品，其不但具有经济效益，而且具有社会效益和生态效益；多数农村基础设施提供的服务不但具有非排他性和非竞争性，而且具有明显的外部正效应，不仅使农业、农民受益，而且使城镇居民受益，不仅有利于农业的发展，而且有利于工业和整个国民经济的发展。公共产品的非竞争性和非排他性特征决定了公共产品由市场机制供给是存在困难的。政府机制的优势在于，通过政府权威保证公共产品与服务的公平供给，满足普遍的公共需求。因此，政府应该是农村基础设施建设的投资主体。充足的资金保证是农村基础设施建设和运行的首要条件，我国国情及农村的特殊情况决定了单靠社会力量和农民自身难以解决农村基础设施建设的资金问题，政府必须加大对农村基础设施建设的财政支持力度。政府的财政支持是农村基础设施建设和运行的物质基础和根本保证。

政府是农村基础设施建设中的投资主体，这是不容置疑的。根据对农村基础设施的分类和我国政府的级次与职能，我们可以把政府投资主体分成中央和地方两级，两者对农村基础设施建设分别承

担不同的投资和供给职责。

1. 中央政府应承担全国性的农村基础设施的供给

第一类是与公民的基本人权相关的基础设施,如农村义务教育、基本医疗卫生、社会保障服务等;第二类是那些覆盖全国范围的农村基础设施,如全国性的农业技术推广、全国性农业公共信息等超越地方政府管辖范围的基础设施。随着我国行政管理体制的进一步改革和完善、全能政府向有限政府的转变以及中央政府宏观调控角色的定位,除了一些关系国计民生的基础设施供给,中央政府供给主体应进一步让渡供给权限,让地方政府及社会组织在农村基础设施供给中发挥更大的作用。

2. 地方政府应承担地方性和社区性的农村基础设施建设

地方政府应承担的主要是那些与本区域内的农业、农村和农民相关的基础设施,如地区性的农业病虫害防治、中小型水利工程、农业科技教育、农技推广和农业机械推广、农村电力、节水农业、乡村道路、农产品的加工和流通设施等。这类农村基础设施的受益范围仅限在某一地区,具有较强的地域性。而相对于城市来说,农村地域分散,地广人稀,现行农村经济体制又进一步强化了农村基础设施需求主体的分散性,我国农村基础设施呈现出个体需求量相对较小,但绝对需求总量巨大的特点。地方政府,尤其是县、乡两级政府,能够掌握本地区农村生产生活的情况,了解区域内农民对农村基础设施的差异性需求,这种状况决定了县、乡政府必然成为本土化农村基础设施建设的最有效率的投资者和组织者。

二、农村基础设施建设中地方政府的规划和决策职能

在农村基础设施建设中涉及的供给部门、资金渠道、支持政策比较多,但从总体上缺乏系统性和整体协调性。资金投入分散现象严重,政策之间相互制约现象也时有发生,这在很大程度上影响了农村基础设施建设的有效性。农村基础设施建设缺少系统规划,势必造成资金使用效率低下,政府提供的基础设施与农民实际需要脱节。目前我国大多数地区在农村基础设施的规划决策中,各部门在农村基础设施投入上大多各自为政,多头投入,多头管理,致使布局雷同,

投资重复，资金分散，战线拉长，降低了农村基础设施建设投入的效益。多数地区将投资建设重点放在了大中型带有社会性的工程项目上，比如水利、道路等，还有本应用于农村基础设施建设的资金，部分投资用在了政绩或形象工程上，而农民可以直接受益的中小型基础设施建设的比重较小，忽略了农村居民饮水安全、环境污染、垃圾处理等与农民生活关系密切的基础设施的建设和投资。因此，需要政府系统设计农村公共财政政策，整合和优化农村公共财政资源配置，统一领导、统一规划、配套推进、协调发展。农村基础设施涉及农业生产和农民生活的多个方面，在财政力量有限的情况下，政府应结合农民的实际需求和建设社会主义新农村的目标要求来制定规划，对农村基础设施建设的内容和顺序做出科学合理的决策。

三、农村基础设施建设中地方政府的产权保护职能

从产权经济学理论而言，如果政府是农村公共产品的唯一产权主体，农村基础设施均由政府提供，则社会任何自然人或团体法人都不拥有产权，会造成许多农村基础设施的产权主体虚无；而模糊的产权归属，也将导致对农村基础设施的过度使用，产生“拥挤”，资源配置效率低下。因此，只有使部分作为公共产品的农村基础设施成为商品，明确产权关系，建立产权交易市场，由供求关系决定农村基础设施的建养责任，方能发挥市场对资源优化配置的决定性作用。产权不清是当前农村基础设施建设主要依赖政府投入、市场化运作不力的重要原因。

由于大部分农村基础设施具有非排他性和非竞争性的经济学属性，其正外部性的覆盖面广泛，导致这些农村基础设施的所有权、经营权、使用权、受益权难以界定，产权模糊，国有资本退出机制受阻，并且农村的产权制度改革进程缓慢，许多项目没有按照“谁投资、谁受益、谁拥有”的原则来运作。要鼓励农村基础设施的市场化管理和商业化运作，就必须通过公平契约和遵循市场原则，加快农村基础设施的产权制度改革。改革的目标就是要通过制度的设计使农村基础设施的产权能够界定到自然人或法人，明晰产权，明确责任，并能运用市场竞争机制，充分调动各方面投资建设和管理农村基础设施的

积极性，使每项农村基础设施的产权都能配置到最能充分利用资源、最适合拥有的主体。为了保护不同投资主体的利益，提高农村基础设施的使用效率，政府及其职能部门应加强对农村基础设施的产权界定与保护。2007年国家发展和改革委员会已经开始改革农村基础设施产权制度，并且先从小型基础设施入手，对于一些单个农户受益的项目，项目建设所形成的资产归农户个人所有；对一些受益人口相对分散，产权难以分割的工程，通过承包、租赁、股份合作或组建使用者协会等方式，将所有权与经营权分离，将经营权与工程管护责任相统一；对于一些具有一定收益、适合经营的基础设施，通过公开拍卖，转让工程的所有权和使用权。

四、农村基础设施建设中地方政府的政策引导职能

根据激励理论的原则，有需求才会有动机，才会做出行动，最后得到满足。一些市场主体如私营企业、个人是以追求经济利益为动机的，而属于纯公共产品的农村基础设施，由于其自身的非竞争性、非排他性及效益外溢性等特征，它的边际成本和边际收入不成比例。在这种情况之下，就不能依靠市场的力量来提供，而只能由代表公共性的政府通过税收的强制手段供给。而准公共产品性质的农村基础设施的存在，却使市场有了参与的可能。但如何参与，参与的力度有多大，如何最大限度地发挥这些非政府主体的作用，需要政府去进行激励。政府通过恰当的政策引导和鼓励，不仅会使广大社会成员为当前的农村基础设施建设提供补充资金，而且也为农村公共事业的长久发展找到了辅助的动力源泉。

一些非政府投资主体虽然不是为了利益参与进来，但也必然有一定的目的，因此政府要考虑通过一定的引导政策和激励机制来满足它们的需求，使它们产生参与动机，做出实际行动，从而有效提高农村基础设施的供给。农村基础设施建设需要大量资金，靠政府单方财政不足以满足广大农民的需求，政府应当积极引导市场和社会力量进入农村基础设施建设领域，借助社会非营利性组织吸纳社会资金进行农村基础设施投资建设，提高农村基础设施的供给效率。政府还应当协调好农村基础设施投资合作者各方及其与使用者之间

的关系，避免各种利益纠纷，以促进农村社会经济的良性发展。

五、农村基础设施建设中地方政府的管理监督职能

以前政府对农村基础设施投资的监督管理习惯于“以拨代管”，认为从财政拨款进行投资建设，通过政府的相关职能部门应能顺理成章地完成农村基础设施的有效供给。但由于政府各职能部门之间存在条块分割，政府对农业投资资金的使用情况及效果无法及时系统掌握，从而导致资金运作不规范。尽管一些政府对农村基础设施建设项目做出了招投标、工程预决算审核等一系列规定，但是由于缺乏跟踪问责机制，部分建设单位千方百计编造理由以规避国家的规定，致使投资成本上升、效益低下，投资过程中不严格按照批准的方案施工，大手大脚花钱，超标准建设了一些不该建的项目，造成了浪费。同时，拨付到农业投资项目的财政资金需要经过财政部门到项目主管部门，再到建设单位，最后才到施工单位，拨款环节多，手续繁琐，时间长，大大增加了在中间环节被挤占、挪用的可能性，项目资金到位率大打折扣。这样既不符合快速高效原则，又不利于投资资金的安全运行。另外，在农村基础设施市场化运营中，也会由于缺乏政府的监管，损害到农民或投资者的利益。因此，多元化的供给主体和供给模式，会使农村基础设施的建设和使用存在更多的复杂情况。在不断加快的市场化进程中，信息的不对称，以及对农村基础设施供给主体和使用过程缺乏应有的监督，会降低农村基础设施的使用效率，激化供需矛盾。在农村基础设施建设中，政府不仅要发挥投资主体职能，而且要切实履行管理监督职能。政府应借助国家权力，利用不同的方式和手段，通过不同的途径，建立全方位、多层次的监督体系，加强对农村基础设施供给过程和使用过程的有效监督，以提高农村基础设施的供给效率和使用效率。

第二章　农村基础设施需求的实证分析

在新农村建设和解决“三农问题”的背景下，详细了解农村基础设施的实际需求，是政府制定相关政策和优化政策执行的前提。

第一节　农村公路需求

一、农村公路总体需求

经过几十年的发展，我国农村公路的建设也取得了巨大的成就，但相比较而言，整体发展还比较滞后，农民对农村公路还有很大的需求。

根据全国农村公路通达情况专项调查，到2005年底全国农村公路总里程296.5万公里，农村公路乡镇通达率为93.64%，通畅率为80.40%，建制村通达率为76.91%，通畅率为52.88%，基本形成了县与乡、乡与乡、乡与村之间的农村公路网络。2006年至2008年，全国共新改建农村公路118万公里，全国农村公路里程超过10万公里的省(区)有17个，分别是:河南(21.66万公里)、四川(20.05万公里)、山东(19.41万公里)、云南(18.11万公里)、湖北(17.00万公里)、湖南(16.89万公里)、广东(16.20万公里)、安徽(13.58万公里)、河北(12.84万公里)、江苏(12.82万公里)、黑龙江(12.53万公里)、内蒙古(12.34万公里)、陕西(11.74万公里)、贵州(11.38万公里)、新疆(11.18万公里)和山西(11.03万公里)。而改革开放初期，我国农村公路只有59万公里。乡镇和建制村通达率分别到达99.24%和92.86%，共完成投资5484亿元。虽然农村公路建设取得了较大的成就，但农村公路整体技术等级较低。2005年全国等级公路里程为177.6万公里，等外公路里程为118.9万公里，分别占全国农村公路总里程的60%和40%。在等级公路中，四级公路里程占到

79.8%。农村公路中，沥青水泥路面（有铺装路面、简易铺装路面）里程为102.7万公里，占全国农村公路总里程的34.6%；未铺装路面里程为193.8万公里，占全国农村公路总里程的65.4%。[①]

二、地区实证：内蒙古农村公路需求

就内蒙古自治区而言，内蒙古地域辽阔，人口分散，加之经济、地理、自然等多方面条件的限制，使内蒙古农村牧区的公路建设发展滞后。这主要表现在总量不足、等级偏低和管理养护困难三个方面。（1）总量不足。截至2008年底，内蒙古农村牧区公路总里程达到12.3万公里，内蒙古公路网密度为6.70公里/百平方公里，仅相当于全国平均水平的1/3。到2008年底，内蒙古全区92个苏木（乡镇）未通油路、水泥路，3032个嘎查（村）未通公路，2302个嘎查（村）未通客车。[②]（2）等级偏低。按行政等级分，县道24361.268公里、乡道33030.202公里、专用公路6254.084公里、村道61735.127公里；按技术等级分，高速公路7.416公里、一级公路197.498公里、二级公路1840.840公里、三级公路9885.154公里、四级公路50308.410公里、等外公路63141.363公里。目前内蒙古二级以上公路里程仅占总里程的14.6%，高级、次高级路仅占总里程的39%。县乡公路和边防公路路况差，"晴通雨阻"，抗灾能力低，如今许多20世纪六七十年代修建的木桥、险桥还在服役使用，且路面主要以低级路面为主。（3）管理养护困难。内蒙古的农村公路线路比较长，且沿线村镇稀少，加之设计标准低，公路抵御灾害能力较弱，公路养护成本相对较高、难度较大；同时，由于内蒙古的养路费征收总量偏小，无法满足全区公路养护的需要，除主要国省干线公路外，大部分省道、县道养护经费还不充足，乡村农村公路养护资金更无从落实。[③] 由此可见，目前农村

---

① 马忠英．基于新农村视角的西部农村公路发展研究[D]．长安大学博士学位论文，2010.

② 内蒙古农村牧区公路总里程超过12万公里[OL]．中华人民共和国中央政府网站，http://www.gov.en/jrzg/2009—09/06/content_1410520.htm，2009年9月6日．

③ 内蒙古农村牧区公路管理养护体制情况调研报告[OL]．中华人民共和国交通运输部网站，http://www.moe.gov.en/06road/difangxx/neimeng/200711/t20071126—448465.html，2007年11月26日．

公路在里程、质量和养护方面,仍然无法满足农村地区经济社会发展需求,存在着较大的需求空间。

第二节 农村能源基础设施需求

一、农村能源基础设施总体需求

我国农村能源消费不断增长,但在生活消费方面仍然以传统燃料为主。2000 年至 2007 年,我国农村居民生活能源消费总量年均增长率为 4.0%,其中,商品能源年均增长率为 6.7%,非商品能源年均增长率为 3.4%。我国农村人均生活能源消费量也一直在增加,2006 年,我国农村居民人均生活商品用能源消费量为 131 千克标准煤,与 2000 年相比,农村居民人均生活能源消费增长了 69.1%,年均增长约 9.15%,比城镇居民人均生活能源消费增长高出 5 个百分点。尽管农村居民生活用能正朝着商品化、优质化的方向发展,但到目前为止,我国农村生活用能仍以薪柴秸秆等传统燃料为主,其比重占农村生活能源总量的一半以上。

总体而言,我国农村能源消费存在如下特点和问题。

(1) 农村能源的消费地位和层次较低。从总量上看,农村能源的消费总量占全国能源消费总量的比重从 1998 年的 50.84%,减少到 2006 年的 37.1%。农村人均生活用能不到城镇的一半,农村生活用能中传统商品性用能仍然占有主导地位。

(2) 农村用电水平较低,农村电力发展滞后。2006 年,城市人均生活用电量约为 400 千瓦时,而农村人均生活用电量不足 100 千瓦时,农村用电水平明显偏低。

(3) 农村能源消费存在明显的地区差距和城乡差距。从 2005 年农村人均年用电量看,东部地区用电量为 970.9 千瓦时,是中部地区的 5.6 倍,是西部地区的 6 倍。2006 年,农民年人均生活用电量大约为 100 千瓦时,其中北京市最高,为 434 千瓦时,是西藏农民年人均生活用电量的 14 倍多。沿海发达地区农民的能源消费和城市接近,但是中西部地区、边远地区的城乡差距非常大;此外,城乡二元能源消费结构非常明显。

(4) 农村能源服务体系滞后。煤炭和液化石油气在一些地区的农村生活能源中占有一定的比例,但供应、服务网点还不完善。此外,农村沼气、太阳能热水器、太阳灶、太阳能光伏发电等可再生能源设施缺乏配套的服务体系,市场化和产业化水平低,影响了农村能源和可持续发展的可靠运行。①

从以上对农村能源消费特点和农村能源消费存在的问题分析,可以看出农民对于能源设施的需求很大。由于缺乏现代化的能源设施,农村能源消费还是以消费传统能源为主,而新型能源、可再生能源消费的比较少。

二、地区实证:山东省东阿县农村能源需求

山东省东阿县位于泰山脚下,黄河岸边,总面积 799 平方公里,辖 11 个乡镇(街道)、1 个工业园区,559 个行政村;截止到 2013 年,全县总人口 45 万人,其中农村人口 39 万人,占东阿县总人口的 87%,全县农户 11.3 万户。东阿县四季分明,年均气温和降水量适中,无霜期较长,日照充足,适于农林业的发展。因此,山东省东阿县适于开发太阳能和沼气资源。东阿县在农村能源建设方面,主要以"一池三改"和"一池两改"模式为主,实现了"三沼"(沼气、沼渣、沼液)的综合利用、"禽一沼一果"四位一体的循环经济模式以及以沼气和太阳能、风能等能源相结合的多能互补模式。截止到 2007 年底,东阿县共发展沼气池 1000 多个,有 300 多户农户参加进来;截至 2010 年底,建设农村沼气"一池三改"200 户,即建设沼气池 200 个,改厨 200 个,改造厕所 200 座,改太阳能暖圈 200 个;"一池二改"600 户,即建设沼气池 600 个,改厨 600 个,改造厕所 600 座。计划在 2015 年建设农村沼气 1 万户,建设"一池二改"户用沼气 9000 户,"一池三改"户用沼气 1000 户。到 2018 年逐步实现东阿县所有乡镇农村沼气建设普及率达 85%,实现农村能源的结构性改变,建成一支高效率的沼气建设技术力量,进一步完善"一池三改"和"一池二改"模式,提高沼气池工作

---

① 罗国亮,刘志亮. 全面建设小康社会的农村能源战略[J]. 前沿,2008(12).

的稳定性,为建设社会主义新农村提供保障。虽然东阿县农村能源建设取得了一定的经验,特别是在沼气的建设方面成绩突出,但与此同时也存在不少问题。

(1) 对太阳能及沼气等清洁能源认识不够,农村能源管理不完善。虽然东阿县积累了许多农村能源建设管理与服务的成功经验,但是仍然存在不少问题。比如,村民认识不到位、管理不全面、制度不健全、技术不成熟等。就沼气能源建设来说,沼气能源建设在农村并没有得到完全的普及;此外,沼气建设需要建管并重,但由于村民认识不到位,保养不及时,影响了能源设施的质量和作用的充分发挥。

(2) 资源浪费严重,环境保护意识薄弱。东阿县农村畜禽粪便到处堆放,尿液随地流失,导致资源的严重浪费,也严重地污染了大气环境和水资源。[①]

(3) 农村能源技术推广和后续管理服务体系薄弱。农村可再生能源开发利用面临新形势、新任务,必须要有一支高素质的技术推广和管理服务队伍作保障。没有比较健全的技术服务体系,就不能使农村可再生能源技术广泛应用于生活和生产之中,并充分发挥效益。目前,东阿县虽成立了县级东阿新能源实业公司,但乡(镇)一级推广服务组织仍很不健全,农村能源产品服务型企业数量逐年减少,而且规模甚小,服务能力薄弱。近几年来,东阿县农村沼气建设发展速度较快,新建沼气池较多,但使用年限短,管护问题还没有完全解决,这制约着东阿县农村可再生能源的快速稳步发展。

(4) 农村能源建设的资金投入不足。我国农村能源建设虽得到了各级政府、社会各阶层的广泛关注,政府资金投入逐年大幅甚至成倍增加,政府、专家、企业主动参与和配合沼气建设的积极性十分高涨。但是,农村能源建设对政府投资的依赖性严重,政府投资规模决定了农村可再生能源的发展数量。近年来,山东省和东阿县虽已对农村可再生能源建设加大资金投入,但仍存在诸多问题:一是投资渠道不稳定,未设立专项资金,投资方向单一;二是投入量明显不足,不

---

① 汤斌. 新农村框架下农村能源建设问题研究——以东阿县为例[D]. 山东农业大学硕士学位论文,2008.

能适应农村可再生能源建设的快速发展，与兄弟省市相比，山东省各级政府对农村可再生能源开发利用的资金投入明显低于福建、广西、贵州、湖南等省。由于政府投入引导力不足，也影响到农户和业主投入的积极性，农户和业主自筹资金的投入水平也比较低。

所以，农村能源建设在数量、技术、管理以及资金方面，目前仍然无法满足农村地区经济社会发展需求，存在着较大的需求空间。

第三节　农业水利基础设施需求

一、农业水利基础设施总体需求

农村水利基础设施建设，为农业农村形势始终保持良好势头提供了重要支撑，做出了巨大贡献，为全面建设小康社会奠定了坚实的物质基础。

但与此同时，我们也不得不看到，我国农村农田水利发展仍然处于艰难的爬坡阶段，总体上还处于较低的水平，与农业和农村经济发展很不适应，与和谐社会建设、新农村建设的要求相比差距更大，农民对水利基础设施的需求巨大。

(1) 农业干旱缺水情况日益严重。我国人均占有水资源不足世界人均占有水平的1/4，灌溉水的利用率只有45%，全国农田受旱面积由20世纪70年代的平均每年1.7亿公顷，增加到90年代的近4亿公顷，其中成灾面积约占一半。据统计，“十五”期间，全国平均每年缺水约300亿到400亿立方米，每年因干旱造成的粮食损失是20世纪50年代的7.2倍；因干旱造成的综合经济损失每年超过4000亿元；上千万农村居民因旱发生粮食短缺，经济收入大幅减少。①

(2) 灌溉设施简陋。我国的灌溉工程大多建于20世纪50—70年代，普遍存在设施简陋、工程严重不配套且老化失修等问题。目前我国一半以上的耕地甚至没有灌溉设施，现有的农田水利工程普遍存在建设标准低、工程不配套、老化失修严重等问题，近40%的水库

---

① 课题组. 关于加快农村水利建设的思考与建议[J]. 学术探索，2007(8).

病险问题严重，近40%的灌溉设施已经损坏，近80%的灌溉耕地只能抵御一般性干旱灾害，农业还没有从根本上改变“靠天吃饭”的被动局面，从而对农业生产造成了巨大的影响。[①]

（3）水土流失问题严重，农村生态环境恶化的趋势尚未得到有效遏制，我国西部干旱和半干旱地区问题尤为突出。本课题组依托地缘优势，重点调研了内蒙古自治区，草场退化、沙化现象尤为严重。

（4）防御水旱灾害能力偏低。目前，全国还有3万多座病险水库不能正常发挥防洪、抗旱、灌溉、供水等功能。中小河流防洪标准低，在当前极端气候频发的环境下，农村所面临的洪水等自然灾害威胁依然严峻。

二、地区实证：甘肃省民勤县农业水利基础设施需求

甘肃省民勤县位于西北地区，水资源严重短缺制约了该地区农村经济的发展。甘肃气候干燥，雨量稀少，水资源匮乏，是全国最干旱的省份之一。新中国成立以来，通过兴建蓄水、引水、提水灌溉工程，使农村水利基础设施在解决人畜饮水问题上得到了很大的改善。自新农村建设以来，甘肃新建大型水库一座，中小型水库38座，水库容量143496万立方米，很大程度上缓解了农村用水短缺的现状。但是受自然条件和经济发展水平的制约，并不能够满足实际的用水需要。具体问题表现在以下几个方面：

（1）资金投入力度不够，管理维护不到位，灌溉设施老化，水资源浪费严重。中小型抽水站老化失修严重，骨干渠道衬砌率低，配套建设设施缺乏，从而在输送水的过程中造成水资源的严重浪费。政府对水利建设投入资金力度不够，造成管理维护资金缺乏。

（2）管理体制不完善，农民缺乏参与管理维护的意识。农村水利基础设施的产权属性模糊不清，农民没有参与管理维护与投资的意识。

（3）水利体系服务不够完善。随着近年来乡镇机构改革的推进，撤并了一部分村镇级水利管理站，导致管理人员的减少，水利服务不

① 曲永芳．我国农村农田水利供给问题研究[D]．山东大学硕士学位论文，2008.

到位。此外，由于水利管理人员的专业素质不高，管理水平较低，在日常水利设施维护方面困难重重。水费征收困难，不能保证足额征收，从而使得水利管理单位经营困难。①

第四节　农村饮水工程需求

一、农村饮水工程总体需求

农民对饮水工程需求巨大。目前，大约有30%的农村人口存在着高氟、高砷、苦咸等饮水安全问题。其中，达不到饮用水卫生标准的约占25%，饮水困难的人群约占10%，全国4万个乡镇中有1/3缺乏符合标准的供水设施。② 农村的供水设施简陋，缺乏水质净化和饮水消毒的设施，给人们的健康带来了伤害。此外，农村人口众多，居住分散，农村经济发展缓慢导致寻找饮用水源的经费短缺，水源缺乏等，也给解决农民饮水问题带来了诸多困难。

当前农村饮水工程建设面临的主要问题是水资源短缺，水污染严重，水性地方病和水性传染病威胁，加上农村供水工程标准低，缺乏水处理设施，饮水水量和水质没有保证。另外，居民点到取水点的水平距离大，过去修建的饮水工程多为水井、水窖、水池等小型、分散工程，供水保证率低，遇到连续干旱就会重新出现饮水困难。有不少农村居民直接从江、河、水库及坑塘中取水饮用，这些水的相当一部分水源水质不符合国家生活饮用水卫生标准。近几年来，虽然农村经济得到发展，温饱问题已基本解决，人们的居住、电力、交通等条件已逐步得到改善，生活水平普遍提高，但农村饮水设施建设仍基本停留在较低水平，明显滞后于其他基础设施建设。大部分饮水工程缺乏水处理设施，水质达不到规定的标准。饮水不安全对人民群众的身心健康构成了威胁。所以，农村饮水工程建设是当前人民群众最

---

① 王霞丽．西北地区农村水利基础设施的管护问题研究[D]．天津商业大学硕士学位论文，2011．

② 郑发平．新农村建设中农村水利面临的问题及对策[J]．安徽农业科学，2007(23)．

关心,也是最迫切需要解决的问题。[①]

二、地区实证:山西省榆社县人畜饮水工程需求

榆社县位于晋中地区东部,全县所辖 14 个乡镇,共有行政村 335 个,农业人口 118978 人,大畜 43759 头。建国以来党和政府每年拿出专项基金用于解决人畜饮水问题,榆社县的人畜饮水状况得到了很大的发展。但好多工程因为老化,管理维护不善,设施损坏严重,工程也几乎处于停滞的状态,从长远来看严重影响供水问题。榆社县人畜饮水工程主要存在以下几个方面的问题:

(1) 农村居民对饮水工程的认识不够。水费收缴没有明确的标准,造成水费收缴困难,从而影响了饮水工程的再建设与管理维护。维修资金没有保证,就不能彻底解决管理和维修中的问题,不能保证水质安全。

(2) 产权不清晰,管理制度不健全。饮水工程依然沿袭旧的体制,国家建设与管理维护,村民使用。饮水工程相关部门单位互相推诿,造成有些工程没有及时得到维修,影响了饮水工程效用的发挥。

(3) 受技术水平的制约。人畜饮水工程建设的技术性较强,但农村的技术装备跟不上,表现在:一些产业装备跟不上,不是质量差就是严重缺乏,还缺乏专业技术人才,导致农村水利基础设施管护中出现的技术性维修问题不能得到及时解决;而且饮水工程相关部门单位对其产品宣传太少,作为管理和使用主体的村民,对饮水工程认识不足。可见,技术力量的薄弱成为制约饮水工程发挥效用的关键。

---

① 于洪丽,于海龙. 刍议农村人畜饮水工程管理[J]. 黑龙江水利科技,2007(6).

第五节　农村公共卫生基础设施需求

一、农村公共卫生基础设施总体需求

城乡公共卫生资源配置严重不平衡，导致农民对公共卫生设施需求巨大。从政府卫生预算支出在城乡之间的分配来看，占全国2/3人口的农村居民只拥有不到1/4的卫生总费用，而占人口1/3的城镇居民享有3/4以上的卫生总费用。农村的政府公共卫生支出和社会支出的比例持续下降，农民自费的比例不断攀升；从支出结构上看，中央财政按专项向地方转移支付部分仅占卫生预算支出的2%，县和乡镇政府却占卫生预算支出的55%—60%。城乡公共卫生资源配置的失衡，影响了计划免疫、妇幼保健等公共卫生服务项目的开展。由于缺乏医疗保障体系，农民看病难，因病致残、因病致贫、因病返贫的问题在一些地方十分突出。①

二、地区实证：山东省谷阳县农村公共卫生基础设施需求

(1) 农村卫生技术人才较为缺乏，结构不合理。就整体而言，谷阳县卫生技术队伍存在总量不足、素质不高、队伍不稳等问题。从人员结构看，乡镇卫生院多以中专毕业的卫生技术人员为主，缺少大专以上层次的卫生技术人员。其业务素质普遍较低，受到多种因素制约。一方面，在岗人员业务深造的机会少，医疗水平难以提高；另一方面，乡村卫生院基础设施薄弱，条件差，待遇低，难以留住高素质人才，一些如外科、妇科、放射、检验、B超等短缺专业的人才更为缺乏。

(2) 村卫生条件普遍较差。一是村卫生室房屋简陋，设备条件、人员业务素质较差，服务能力低，且大多数为乡村医生自办。二是多年来乡村医生从事公共卫生服务工作无报酬，工作无积极性。三是由于谷阳县经济水平总体不高，村集体经济薄弱，用于改善村

---

① 陈映. 新农村建设中城乡统筹发展的农村公共产品供给[J]. 求索，2006(10).

庄环境、保障群众生活安全的基础设施投入十分有限。四是广大群众受经济条件、文化水平及传统观念的影响,卫生意识淡薄,对常见传染病、多发病和群体性食物中毒等预防措施知晓甚少,生活习惯普遍较差,不洗澡、喝生水、吃腌制食品等现象十分普遍,“不干不净、吃了没病”观念严重,“小病能拖则拖、大病能捱就捱”,及时就诊率低。种种问题的存在,导致一旦有传染源出现,极易造成疾病暴发和流行。①

第六节 农村信息通讯基础设施需求

一、农村信息通讯基础设施总体需求

目前我国农村对信息需求的总趋势是一致的,科技信息在农业信息资源中居首要地位,各地调查对象对农业科技信息的选择频率高达45%—72%,特别是对种植业信息的需求较多,平均为60%。各地对农产品市场信息也普遍重视。但由于地理位置的差异和经济发展的不平衡,各地对农村信息的需求各有特点。如辽宁省农民对种植业信息的需求为52.47%,养殖业信息为4.31%,贮藏加工信息为12.14%,农产品市场信息为14%;河北省廊坊市农民对农作物良种信息的需求占80.9%,花卉种植与销售信息为38.1%,无公害果菜种植与销售信息为31.1%,养殖业信息为30.9%;江苏省农民对农作物良种信息的需求为61.2%,病虫害防治信息为52%,杂草防治信息为42.1%,科学施肥信息为34.4%。②

1. 信息需求类型

在农业和农村经济市场化过程中,农民对信息需求的类型呈多样化发展趋势,其主要分为宏观决策、农村科教、良种开发、特色农业、农业新成果新技术、市场营销、政策法规和劳务信息等。不同的使用对象,其信息需求的类型也有差异。农业管理人员信息需求范

---

① 关于对我县农村公共卫生设施建设的调研报告[OL]. 谷阳政府网,http://218.56.164.3/www1/show.aspx? id = 1408&cid = 79.

② 王志军. 河北省农业信息服务体系建设研究[D]. 中国农业大学硕士论文,2005.

围广，较重视综合性、分析性的宏观战略信息；农业科研人员的主要需求具有系统性、阶段性，重视与其研究课题有关的专业信息；农技推广人员的信息需求已由单纯的实用技术、新品种等科技信息延伸到农业物资、农村金融、农产品流通及加工等领域；广大农民群众则较为重视种养技术、农业生产资料、农产品流通及农产品的供求信息等；农村剩余劳动力大多重视用工信息。

2. 信息获取途径

随着社会经济的快速发展和政府部门支农力度的不断加大，农民获取信息的途径发生着深刻变化。根据向平等的调查结果，目前全国基层单位和农民获取农业信息的最主要渠道是报纸杂志（平均为51.5%），其次是政府推广部门乡村农技人员的信息技术推广（49.2%）和广播电视（42.2%），网上资源量占11.4%。但根据具体经济发展状况不同，各地获取信息的途径存在差异。例如，我国东部的上海、浙江一带和南部的广东等经济发达地区的农户，多从电子媒介（网络、电视）等渠道获取信息，且信息意识较强，如浙江余姚泗门镇小路下村的互联网用户占到全村的60%以上。[①] 而谭英等对我国西部欠发达地区的调查结果表明，农民获取信息的途径主要是电视、报纸、村能人、政府等，网络的利用率很低。[②]

3. 信息应用能力

由于受传统经营模式、自身经济基础较差以及文化素质低等综合因素的影响，多数地区农民思想仍较为保守，进而影响到其对农业信息的应用能力。客观上的整体落后，必然造成信息需求的渠道不畅，信息的应用程度低，使信息的时效性极差。相当数量的农民对新技术、新信息持怀疑态度，不能意识或不能充分认识信息是潜在的生产力，从而影响了新技术、新信息应用的积极性，同时也错过了信息的时效性，降低或丧失了信息的价值。现阶段大多数农民对新技术、

① 雷铁军. 我国农业网络信息资源开发与利用的现状及对策[J]. 现代情报，2004(5).

② 谭英，谢咏才，王德海. 农业科技专家大院信息服务模式分析与评价[J]. 农业网络信息，2004(8).

新信息的应用,还是最信服眼见为实的事例。农民对实践成功并得到普遍认可的技术,采用的积极性和主动性很高,这方面的信息也是农民寻求的重点。另外,传统信息无偿推广使用的惯性思维,使农民形成了信息不是商品和没有价值、无偿使用的错误观念。在市场经济的今天,这势必会造成农民自身信息利用能力的降低,反过来也影响到农业信息产业的健康发展。

二、地区实证:安徽省农村信息通讯基础设施需求

自"十一五"规划以来,安徽省农村信息通讯基础设施得到了很大的发展。2003 年全省农村电话的用户为 708.4 万户,2008 年增加为 854.7 万户;广播覆盖率也从 2001 年的 94.8% 增加到 2008 年的 97.53%;电视覆盖率从 1999 年的 87.01% 增加到 2008 年的 96.97%;2008 年有线电视用户率达到了 58.9%,互联网用户率达到了 7.3%,移动电话的使用率达到了 73.5%。安徽省在信息方面的人才培养也在增加。2001 年的农村信息基础设施建设队伍乡镇拥有率为 23.1%,2008 年增加到了 54.3%。[①] 同时,响应国家的号召,大学生深入基层工作,壮大了农村信息基础设施建设人才队伍。虽然安徽省农村基础设施建设取得了一定的发展,但是也存在不少问题,主要表现在以下几个方面。

(1) 信息基础设施建设结构单一。调查显示,农村广播的使用率为 38.2%、电脑网路利用率仅有 3.7%,农村居民无法获得全面、真实并且具有针对性的信息资源。此外,政府提供信息的体系不健全,不能够很好地、及时地给农民提供有针对性的信息。

(2) 农民知识水平有限,农村信息基础设施资源利用不充分。农村居民文化水平普遍偏低,缺乏从网络获取、利用信息的能力,从而使得关于农村农业的某些科技得不到很好的落实与应用。

(3) 关于农村信息建设与服务的人才短缺。随着农村人才逐渐流向城市,导致农村信息建设与服务的人员减少,从而阻碍了科技及

---

① 刘磊,李旭辉. 安徽省农村信息基础设施建设现状及其发展战略[J]. 安徽农学通报 2009(17).

信息的普及。

第七节　农村教育基础设施需求

一、农村教育基础设施总体需求

农民是社会主义新农村建设的主体，扎实推进新农村建设要靠农民自己的觉醒，需要培养千千万万高素质的新型农民。我国农村人口占全国人口的70%以上，农村教育的成效如何，直接关系到我国教育的整体质量，决定着农村劳动者的素质和农村经济的可持续发展。[①] 目前，我国农民的整体文化水平还不高，急需对农民进行义务教育、农业实用技术培训和职业技能培训，使之成为有文化、懂技术、会经营的新型农民，为推进农村产业结构调整、增加农民收入提供智力支持和人才保障。[②]

农村教育对于培育新农村建设的主体、推动农村全面发展至关重要。农民教育水平的提高，一方面增加了农民掌握新技术的能力，另一方面开阔了农民的眼界，促进了传统价值观的转变，从而增强了其采用新技术的意愿。美国经济学家西奥多·舒尔茨把对农民的教育投资看做是促进农业发展的关键因素之一，是促使传统农业向现代农业转变的一个重要手段。[③] 良好的教育服务还可以提高农民的整体文化水平、文化修养、文明程度，增强他们的市场经营管理能力，把握在市场中与其他利益集团的谈判主动权。[④] 完善的农业科技推广体系可以促进农民提高农业生产力，化解自然风险。畅通的农业信息渠道可以帮助农民抓住瞬息万变的商机，防范市场风险，真正促使农民成为社会主义市场经济精明的经营主体户。而农民综合素质整体的提高，则有利于经济体制和政治体制的进一步改革，从而促进

---

① 曹新. 建设新农村必须大力发展农村教育[J]. 北京行政学院学报，2006(2).

② 徐学俊. 关于解决农村教育问题的政策思考[J]. 湖北大学学报(哲学社会科学版)，2006(4).

③ 郭熙保. 农业发展论[M]. 武昌：武汉大学出版社，1997，58.

④ 李少元. 农村教育论[M]. 南京：江苏教育出版社，2000，156.

物质文明、政治文明和精神文明新的发展。① 在社会主义新农村建设的过程中,农村教育能不能有一个飞跃性的发展,直接关系到农村经济的发展,直接影响全面建设小康社会的进程。为此,必须大力发展农村教育,努力消除城乡教育发展的差距。

目前的农村学校,教学软件上的资源相对是平稳的。然而,在硬件设施上,农村学校存在着严重的不足。许多学校没有多媒体设备,有的学校最多有几台录音机;音乐课上没有钢琴、风琴……教师上音乐课就是用嗓子干吼;体育课没有孩子玩的东西,上体育课就是学生自由活动的时候。而且,由于师资力量的不足,大多数科目没有专门的老师,就是由班主任代上。硬件设施投入不足是目前我国农村教育一个最普遍的现状。

根据国家教育发展研究中心对我国农村中小学的抽样调查结果,在样本小学、初中,课桌椅残缺不全的分别占37.8%和45.1%;实验教学仪器不全的占59.5%和70.3%;教室或办公室有危房的分别占22.3%和28.8%;教具、墨水、纸笔、粉笔不足的分别占到32.55%和35%。② 再加上农村教师队伍整体素质偏低、教育资源利用不充分等因素,我国农村教育的质量远远低于城市。

二、地区实证:黑龙江省农村基础教育设施需求

1. 校舍面积不足

国家规定生均校舍面积的最低标准为小学6.5平方米、普通中学7.8平方米。2001年黑龙江省农村小学生均校舍面积为5.66平方米,近年来有所改善,到2005年生均校舍面积增加为6.46平方米,基本接近国家规定的小学生均校舍面积最低标准6.5平方米;2001年黑龙江省农村初中生均校舍面积为3.25平方米,2005年省农村初中生均校舍面积为5.05平方米,低于国家规定的中学生均校舍面积最低标准7.8平方米;2005年省农村高中生均校舍面积为13.99平方

---

① 赵冬缓.农业宏观管理学[M].北京:中国农业大学出版社,2001,147—148.

② 杨东平.艰难的日出——中国现代教育的20世纪[M].上海:文汇出版社,2003,278—279.

米,高于以上标准;2005 年农村职业初中生均校舍面积为 1.34 平方米,远低于国家标准。①

由以上数据可知,黑龙江全省农村初中和职业初中的生均校舍面积不足,在经济发展较落后的乡镇学校,生均校舍面积更少,因此财政方面应有针对性地加大投入。

2. 教学条件需要改善

近年来黑龙江省的办学条件有了较大改善,但仍需要进一步改善。据统计,2005 年黑龙江省农村小学体育器械配备达标率、音乐器材配备达标率、美术器材配备达标率和理科实验仪器达标率分别为 40.98%、31.12%、28.68% 和 42.99%;而同年全国小学上述指标分别为 53.04%、41.8%、39.91% 和 52.29%。2005 年黑龙江省农村初中体育器械配备达标率、音乐器材配备达标率、美术器材配备达标率和理科实验仪器达标率分别为 56.38%、48.68%、45.72% 和 58.24%,全国普通初中分别为 67.61%、56.58%、55.2% 和 71.84%。黑龙江省农村高中体育器械配备达标率、音乐器材配备达标率、美术器材配备达标率和理科实验仪器达标率分别为 77.97%、2.88%、72.88% 和 79.66%,全国普通高中分别为 76.78%、70.05%、70.22% 和 81.28%。黑龙江省农村职业初中上述指标分别为 33.33%、33.33%、50% 和 16.67%。② 由以上数据可知,农村高中的办学条件相对较好,农村职业初中和农村小学的相对较差。整体来说,农村办学条件仍需进一步改善。

小　　结

通过分析我国农民对农村基础设施实际需求的状况,我们发现农民对以下农村基础设施需求巨大:农村公路、农村能源设施、农村水利基础设施、人畜饮水工程、公共卫生设施、信息通讯设施、教育设施。国家在农村基础设施供给中,往往容易忽略农民的实际需求,导

① 宗希云. 黑龙江省农村教育发展与改革的策略研究[D]. 东北农业大学博士学位论文,2007.

② 同上。

致农村基础设施供给制度在效率、公平和可持续发展方面都存在不足。因此,根据农民对农村基础设施的实际需求情况,按照效率与公平相兼顾的原则,构建一个符合我国农村实际情况,切实满足社会主义新农村建设、统筹城乡发展和构建和谐社会要求的农村基础设施供给制度迫在眉睫。

第三章　政府对农村基础设施投入与实际资金需求差距分析

按照到2020年完成全面建设小康社会的阶段性目标，从2005年到2020年的15年当中，国家平均每年投入基础设施领域的资金应该是2700亿元。而2005年，用来支持农村公共基础设施的资金只有293亿元。[①] 政府对农村基础设施的投入与农村实际资金需求之间存在巨大差距。影响投入与需求差距的因素很多，本章从实证视角以内蒙古农村牧区基础设施投入与资金需求差距为例来说明。

第一节　资金需求与政府投入差距

农村基础设施是为农村经济、社会、文化发展及农民生活提供公共服务的各种要素的总和，属于一种“社会先行资本”[②]。基础设施是农村经济发展的前提条件，在一定的社会环境下，基础设施与农村经济的增长速度高度正相关。[③] 从经济学的一般理论出发，需求与供给的平衡就是发挥基础设施作用的最佳条件。需求主要是指农村基础设施对于资金的需求，而供给在我国目前的投入组成结构来看，主要还是以政府投入为主，所以，供给主要就是指政府的投入。如果资金需求大于政府投入，政府就没有完全履行公共产品的供给职能，农村基础设施的规模效应也会削弱。如果资金需求小于政府投入，就会产生浪费，造成不必要的损失。两种情况，在我国都存在。从实地调研情况来看，我国现阶段各个地区的资金需求普遍大于政府投入，也

---

① 林毅夫.新农村建设真正着眼点在公共基础设施[OL].中国改革论坛，http://www.chinareform.org.cn/cirdbbs/dispbbs.asp? boardid = 11&id = 86799.

② 杨林，韩彦平，孙志敏.公共财政框架下农村基础设施的有效供给[J].宏观经济研究，2005(10).

③ 杨华.加大农村基础设施投入 建设社会主义新农村[J].理论界，2006(4).

就是政府投入不足,难以满足农民对农村基础设施的需求。政府投入过量的情况在我国一些地区也存在,如一些经济发展水平较高的地区拥有充足的公共财政资金支持基础设施建设,为了营造"形象工程""示范工程""政绩工程",投入大量资金支持农村道路、医院建设,造成不必要的浪费。但政府投入过量的现象仅是个别现象,并非我国现阶段农村基础设施建设的普遍特征,大部分地区(特别是西部地区)的政府投入仍然难以达到基础设施的基本需求。根据经济学的一般原理,需求和供给达到均衡状态是产品供给的最佳状态,它有利于实现资源配置的合理利用,实现帕累托最优。

一、农村基础设施资金需求与政府投入宏观分析

党的十七届三中全会审议通过的《中共中央关于推进农村改革发展若干重大问题的决定》和2004年至2012年连续九个中央一号文件,都把推动和加强农业农村基础设施建设作为新时期推进农村改革发展的重要举措。按照党中央和国务院的部署安排,国家大力调整优化农业领域的投资结构,进一步加大对农业和农村基础设施建设的投资额度和投资范围,有效地改善了农村和农民的生产生活条件,促进了农业农村发展和农民增收,为解决"三农问题"奠定了基础。

"十一五"期间,中央财政共计投入支农支出达3万亿元,纵向比较来看,是"十五"期间中央财政投入的2.6倍,年均增幅达到23.6%。其中,2007年,中央财政用于三农领域的支出是4318亿元,2008年是5955.5亿元,2009年是7253.1亿元,2010年是8183.4亿元。[①] 另外,2007年中央财政预算内用于农业和农村的固定资产投资超过600亿元,2008年超过700亿元,2009年超过900亿元,2010年达到1000亿元以上。[②]

农村基础设施建设是一项系统性工程,不仅需要政府资金的投入,也需要制度建设的改进和完善。为此,国家在有关农村基础设施

---

① 数据来源:《2011年中国统计年鉴》。

② 周红梅,匡远配. 农村基础设施建设投资问题分析[J]. 湖南农业大学学报,2011(4).

建设的制度和政策方面进行了相应的配套改革。首先,改革农村公共产品供给制度,改变原来基础设施建设的二元体制,即城市基础设施建设由政府公共财政负责,而农村基础设施建设由农民自身承担。各级财政逐步将农村基础设施建设纳入到公共财政范围内,并提出公共产品供给向农村延伸,公共财政向农村覆盖,建设主体由农民主导向政府主导转变。另外,中央政府积极调整国民收入分配格局,调整财政支出、信贷投放和固定资产投资方向,不断加大对“三农”(特别是农村基础设施)的投入。农村和农业基础设施薄弱的状况开始有所改变,初步改变了农村的生产生活面貌,促进了农业生产能力的提高和农民生活质量的改善。其次,公共财政对于农业和农村支持的领域不断拓宽。财政由原来单纯支持农业发展、提高人民生活水平,转向根据建设社会主义新农村和全面建成小康社会的要求,解决农民的民生问题和农村经济社会可持续发展问题。再次,在资金投入区域上更倾向于向中西部倾斜,以促进公共产品供给的均等化和协调各个地区均衡发展为主要目的。

从农村经济性基础设施来看,在中央积极财政政策的支持下,2009 年全国农田水利设施建设明显加速。中央投资 211.6 亿元,投资规模创历史新高,同时适当提高了大型灌区节水改造、病险水库除险加固等项目的中央投资补助比例,对中、西部地区分别提高到 60% 和 80%,并强调不再要求中西部地区县及县以下资金配套。累计安排病险水库除险加固工程中央资金 130 亿元,用于规划内 2505 座病险水库的除险加固;安排大型灌区续建配套与节水改造中央投资 59 亿元,对 349 处大型灌区实施了续建配套与节水改造,预计可新增粮食生产能力 33 亿公斤,增加节水能力 48 亿立方米。2011 年《中共中央、国务院关于加快水利改革发展的决定》中提出,要下决心加快水利发展,切实增强水利的支撑保障能力。力争通过 5 年到 10 年的努力,从根本上扭转水利建设明显滞后的局面,突出加强农田水利等薄弱环节建设,继续推进农村饮水安全建设,全面加快水利基础设施建设。[①] 这是新中国成立62年来中央文件首次对水利工作进行全面部署。除此之外，自2006年以来，中央投资农村饮水安全工程建设累计达到590亿元，解决了2.15亿农村居民的饮水安全问题，超额完成“十一五”规划对于农村饮水工程的任务。2006—2009年，农村新改建公路156万公里，农村公路通达水平大幅提高。[②] 通过政府统一实施的两期农村电网改造和中西部“农网完善工程”的推动，农村电网结构趋于合理，农村地区（包括西部地区牧区）供电能力增强，电网对农村人口的覆盖率超过了95%，除个别偏远地区外，基本上实现了城乡居民在生活用电领域同网同价。

从农村社会性基础设施层面来看，同样取得了很大的进步。农村义务教育基础设施条件进一步改善，通过推动落实农村寄宿制学校建设工程、初中校舍改造工程等重大专项建设任务，我国农村义务教育基础设施各类条件持续改善。2009年，中央安排投资50亿元资金支持中西部农村2400多所学校推进初中校舍改造工程，建设面积约500万平方米；安排中央投资20亿元，加强中等职业教育基础能力建设，建设教学实验和生活设施总规模约308.1万平方米，购置教学实验实训设备约3.3万台。[③] 在农村公共卫生方面，按照“统筹兼顾，突出重点”的原则，安排中央预算内资金155亿元，支持986所县级医院建设。安排中央预算内资金25亿元，支持3549所中心乡镇卫生院建设。2008年，全国农村基本建立起新型合作医疗制度和医疗救助制度；2009年，新型农村社会养老保险试点正式启动，农民看病贵、养老难的负担也大大减轻。农村文化事业快速发展，国家先后实施了广播电视“村村通”工程、农村电影放映工程、县级图书馆文化馆建设、乡镇综合文化站建设、信息资源共享工程等主要针对广大农村地区的重要文化工程。[④] 在各级党委、政府和职能部门的共同努力下，

---

① 《中共中央 国务院关于加快水利改革发展的决定》，中华人民共和国中央人民政府门户网站，www.gov.cn/jrzg/2011-01/29/Content_1795245.htm，2014年12月2日访问。

② 卞瑞鹤．十一五：一副波澜壮阔的民生画卷[J]．农村农业农民，2010(10)．

③ 国家发展与改革委员会．2010年农村基础设施建设发展报告[OL]．国家发改委网站，http://www.sdpc.gov.cn/，2010．

④ 国家发展与改革委员会．农村基础设施建设发展报告[OL]．国家发改委网站，http://www.sdpc.gov.cn/，2009．

农村文化基础设施工程建设取得了积极成效，改善了农村基层公共文化设施状况，能够惠及广大农牧民的农村公共文化服务体系逐步形成。

尽管我国农牧业和农村牧区基础设施投入与建设成效显著，农村牧区生产生活条件明显改善，但从全国范围以及实际需求层面来看，农村牧区基础设施建设依然比较落后，仍不能满足农牧业发展、农牧民增收和社会主义新农村新牧区建设的要求。因此，要从根本上改变农村牧区基础设施的落后状况，尽快形成城乡经济社会发展一体化的新格局，还需党委、政府与农牧民群众长期不懈的共同努力。而且，从实证数据来看，我国目前农村基础设施建设仍然滞后于城市基础设施建设。这突出表现在：农田水利设施建设滞后，全国农田有效灌溉面积约占耕地总面积的46%，机电排灌面积不足30%。全国30%的灌溉设施建于新中国成立前，60%建于20世纪五六十年代，很多灌区不配套，难以发挥效益。全国病险水库约有3万多座，占水库总数的近40%；大型排灌泵站老化破损率达75%左右。耕地数量逐年减少，质量下降。全国耕地面积已由1996年的19.51亿亩减少到2010年的不到18.26亿亩，14年间净减少1.25亿亩，且减少的大多是良田。全国人均耕地已由1996年的1.59亩减少到2010年的1.4亩，仅为世界平均水平的40%。户均耕地规模为7.1亩，仅为美国的1/350，加拿大的1/600，德国的1/75。全国高产稳产耕地面积占35%，中低产田占65%；在广大的西部地区，高产稳产农田比例更低。全国受污染的土地面积1.5亿亩。农业科技和物质装备水平不高，科技进步对农业的贡献率只有48%，大大低于发达国家70%—80%的平均水平。同时，由于我国农业科研推广体系不健全，现阶段我国农业科技成果转化率仅为30%—40%，大部分成果滞留在实验室里或试验田里，下不了田，入不了户，不能得到有效利用，而发达国家科技成果转化率达80%以上。截至2011年底，全国农业机械总动力达到9.28亿千瓦，比“十五”期末增加41%，但农业机械化水平仍然不高。全国耕种收综合机械化水平为36%，相当于日本20世纪50年代、韩国70年代的水平。我国万亩农田拥有大中型拖拉机约为5.2台，而世界平均水平为12.5台，远不如美国的17.3台，英国的53.3台。农村劳动力素质普遍不高，不适应现代农业发展的需要。2010 年，我国农村劳动力中中专以上文化程度的仅占 33.43%，小学以下和文盲占 24%。农业抗灾减灾能力不强。近 5 年平均，全国粮食作物遭受自然灾害面积、成灾面积和绝收面积分别占粮食播种面积的 39%、23% 和 6%，年均造成粮食损失 250 亿公斤左右。防疫体系不健全，重大动植物疫情不断发生，禽流感等突发性疫情对经济发展和人民健康产生了不利影响。[①] 农村基础设施建设的落后以及与城市基础设施的不均衡状况，不仅不利于推动农村牧区生产生活条件的改善，而且有可能进一步加剧业已存在的城乡差别，阻碍我国包括农村发展在内的各项改革事业的稳步推进。

从我国目前农村基础设施的现状来看，农村基础设施对资金投入有巨大的需求，不仅是现代基础设施的建设，而且原有基础设施的翻新和改进都需要大量资金的投入。因此，我国宏观政府投入与农村基础设施之间还存在巨大的差距，农村基础设施资金需求与政府投入的矛盾是农村基础设施建设在新时期的主要矛盾，直接阻碍农村牧区基础设施的建设与发展。如果不能在基础设施方面给予保障，我国农牧业将难以实现质的提高。特别是中西部农牧业发展较为滞后的地区，对基础设施需求和政府投入的矛盾尤为突出。

二、实证研究：内蒙古农村基础设施建设资金需求与政府投入差距分析

1. 内蒙古农村基础设施建设中政府投入状况

随着国家西部大开发战略的深入推进，内蒙古农村基础设施的面貌正在发生翻天覆地的变化。公路、水利、电网等基础设施的数量和质量在政府投入的支持下得到显著提高。

(1) 交通运输基础设施。

“出行难、运输难”是内蒙古农村和牧区交通的真实写照，内蒙古交通基础设施发展严重滞后于全国其他地区。特别是对于内蒙古这样一个幅员辽阔的省份，交通的闭塞直接影响农牧民的出行和农牧产品的运输，阻碍了农牧区生活质量的提高和经济的发展。“十一

---

① 李含光. 泰安市农村基础设施投资研究[D]. 山东农业大学硕士学位论文，2009.

五”期间，内蒙古着力发展的“五纵七横”国道主干线和西部大开发省级通道内蒙古路段基本完成构建。在西部大开发的十年中，内蒙古自治区政府累计投资1644.8亿元支持交通基础设施建设，是建国至“十一五”之前投资累计的17.2倍。至2009年，内蒙古公路总里程突破15万公里，高速公路达到17200公里；在农村道路方面，新增60个苏木（乡镇）通油路，1004个嘎查（村）通公路，超额完成自治区民生工程任务。苏木（乡镇）通油路率达到97.2%，嘎查（村）通公路率达到82.8%，共计建成农村客运站95个，嘎查（村）通车率达到83%。①

（2）电力和电信基础设施。

内蒙古自治区政府于1998年实施大规模农村电网改造，电网基础设施得到极大改善，用电面积不断扩大。到2010年底，内蒙古自治区农村电网覆盖率达到80%，初步形成了一个安全可靠、布局合理的农村电网网络。基于此，1999—2010年内蒙古“户户通电”工程总投资138352万元，其中电网投资87368万元，新能源投资50984万元。另外，内蒙古自治区投资16360万元，新建35千伏输变电工程12项。在电信基础设施方面，截止到2009年底，电信基础设施网络已经覆盖所有乡镇和95%的行政村，自治区光缆总长度达到9万公里，局用电话交换机总容量达633.4万门，广播人口覆盖率达到92.64%，广播电视综合覆盖率达到89%，广播电视“村村通”基本完成。②

（3）水利基础设施。

西部大开发十年期间，内蒙古水利基础设施共计投资235.4亿元，其中国家投资133.7亿元，地方投融资101.7亿元。黄河、辽河、嫩江、额尔古纳河等大江、大河及支流建设堤防5019公里，保护人口942.37万人，保护耕地22255万亩，防洪能力由5年一遇至20年一遇提高到20—50年一遇。同时，农村水利基础设施建设也在不断加强。2006年以来，内蒙古新增节水灌溉面积1560万亩，节水灌溉面积累计完成2725万亩。以节水灌溉为依托，全区形成了以粮、油、薯等作

① 王川，朱文喜．内蒙古农村基础设施建设现状、问题与对策[J]．经济论坛，2012(1)．

② 数据来源：《2010年内蒙古统计年鉴》、《2011年内蒙古统计年鉴》。

物为重点的农牧区产业化生产基地和园区。在2009年,完成100万人的安全饮水工程,新增有效灌溉面积200万亩,新增节水灌溉面积300万亩,完成水土保持综合治理面积650万亩。另外,中央新增的1.8亿元水利建设项目也如期完成,着力推进了黄河防洪工程、海勃湾水利枢纽工程等重点项目的建设。①

(4) 医疗基础设施。

自从2003年以来,内蒙古自治区对于旗县、乡镇、嘎查(村)三级卫生服务网络的建设力度不断加大,政府共计投资7.2亿元完成农村卫生服务体系建设项目1219个。截止到2010年,内蒙古594个苏木(乡镇)中,设有卫生院1324个,诊所4096个;在11712个行政嘎查(村)中,设有卫生室14214个。每千人拥有病床1.24张,拥有护士1.82人,拥有医师1.47人。在卫生服务方面,根据第四次卫生服务调查显示,城镇94.4%的居民、农村46.9%的居民到最近医疗机构的距离不超过2公里,全区城乡居民到最近医疗机构就诊时间不超过10分钟的占65.2%。农村改水方面,到2008年农村改水受益人口占农村总人口的79.59%,自来水普及率为37.46%。农村医疗保险方面,到2008年底参加新型农村合作医疗的农牧民人口达到1180.47万人。②

(5) 教育基础设施。

兴建校舍,提高办学条件是政府投资教育基础设施的主要目的。2009年投入4390.83万元用于购置仪器、图书及学生用品,投资3322万元建设88所农村小学卫星收视点和212所初中的计算机教室。农村教育基础设施得到极大改善,小学、初中危房率同比分别下降1.67个百分点和1.35个百分点,新建、扩建中小学校舍53.8平方米。内蒙古教育厅还组织实施基础教育新课程。小学五年级起始年级、初中二年级起始年级和蒙语授课自治区级骨干培训者培训,培训教师2300人。另与美国英特尔公司合作进行信息技术培训,对5500名中

---

① 王川,朱文喜. 内蒙古农村基础设施建设现状、问题与对策[J]. 经济论坛,2012(1).

② 数据来源:《2010年内蒙古统计年鉴》、《2011年内蒙古统计年鉴》。

小学教师和200名教师进行教学技能培训。①

2. 内蒙古农村基础设施建设资金需求与投入差距

自从《关于推进社会主义新农村建设的若干意见》颁布以来，内蒙古自治区各级党委、政府切实加强了对农村牧区基础设施建设的投资与支持力度，先后启动"千村示范万村整治""千万农民饮用水""万村文化阵地和农村体育基础设施建设"等工程。② 政府投资对于内蒙古农村牧区基础设施建设起到主导作用，农村牧区基础设施建设水平得到极大提高。农村牧区公路与电网基础设施缩短了城乡距离，方便了居民出行和产品外运，改变了出行难、运输难和信息闭塞的落后情况，增进了农村牧区与外界的联系；水利设施增强了农村牧区抵御干旱等自然灾害的能力，巩固了农牧业发展基础，为农牧民增收、农牧业增产创造了条件；农村牧区医疗基础设施的改善，一定程度上缓解了农牧民看病难、看病贵的问题，保证了农牧民基本的医疗需求。农村牧区教育基础设施的改善，为九年制义务教育的实施提供了保障，提高了农牧区学校的教育水平和质量。总之，政府的投入显著改善了内蒙古农村牧区的生产生活条件，促进了内蒙古农村牧区的繁荣与发展。

内蒙古自治区政府在基础设施方面的投资虽然在绝对量上呈现不断上升趋势，但其所占全社会固定资产总投资的比例并不高。如2009年内蒙古固定资产投资总额7535亿元，用于农村固定资产投资的仅194.51亿元，仅占2.58%。③ 由此可见，在现有社会发展水平和公共财政能力下，政府对于农村牧区基础设施投资的相对数量依然不足，而且根据调研观察，内蒙古农村牧区基础设施的数量和水平仍然滞后于东部和中部省份，数量和质量还没有完全满足农民的需要。特别是对于内蒙古着力发展的畜牧业产业基地，基础设施的不完善极大地限制了其产业化能力和水平。随着内蒙古农村牧区产业结构的转型，新型农牧业对基础设施的要求也随着提高，农牧民对于基础设施的资金需求也在不断增长。因此，如何满足农村牧区基础设施

① 数据来源：《2010年内蒙古统计年鉴》、《2011年内蒙古统计年鉴》。

② 内蒙古自治区政府网，http://www.nmg.gov.cn/main/nmg/。

③ 数据来源：《2010年内蒙古统计年鉴》。

资金需求,增加政府投资,将是内蒙古自治区政府公共财政近些年需要着力解决的问题。

三、实证研究:山东省泰安市农村基础设施需求与政府投入差距分析

泰安市位于山东省中部泰山南麓,2010 年 GDP 达到 2051.7 亿元,与山东省其他城市相比经济社会发展相对落后,特别是农村发展过程中问题更为严峻。近几年来在公共财政的支持下,农村地区水、电、路等基础设施基本实现了从无到有的发展,但是与城市基础设施和山东省其他发达地区(青岛市、烟台市等)相比,通村道路硬化率、自来水普及率、燃气气化率等还有较大差距。

1. 交通基础设施

在 2003 年以前,泰安市与其他地区一样,公路质量差、等级低且里程少,"晴天一身土,雨天一腿泥"是乡村路的真实写照。但截止到 2010 年底,泰安市累计改造农村公路 8611.1 公里,投资近 22 亿元,泰安市农村公路总里程达到 12702.2 公里,比 2002 年底整整增加 6086.6 公里。1290 个行政村通了柏油路,全市行政村通油路率达到 96.3%,村级公路总里程也达到 9022.6 公里。[①] 政府的大规模投资实现了全市通乡油路从无到有,但是交通基础设施的需求依然较大。一方面,已经投入建成的公路基础起点较低,桥涵和防护工程缺失严重,难以发挥持久效益。公路管护工作也非常滞后,责任制度落实较差。另一方面,现行公路管理体制是分级负责,养护资金较少。不在册的公路修成后,当地农民无人无钱维护,很多地方路况变差较快,交通运输职责难以承担。还有一些道路规划设计不合理,只是通到村委会和小学,普及率还没有全覆盖。因此,泰安市交通基础设施从质量和数量两个方面都还有较大需求,现行的政府投资还没有完全满足农村和农民的全部需要,仍然需要政府继续投入支持交通基础设施建设。

2. 水利基础设施

泰安市对于水利基础设施每年投入资金都在 4 亿元以上,投工

① 李含光. 泰安市农村基础设施投资研究[D]. 山东农业大学硕士学位论文,2009.

7000万个以上，搬动土石方1亿方以上，新增有效灌溉面积10万亩以上，治理水土流失100平方公里以上。经过政府投资的加强，泰安市水利设施建设基本实现了由政府发动组织向群众自发上阵的转变，灌溉、农田等水利设施得到极大改善，模式化的治水思路也在逐渐形成。水利基础设施建设在财政的支持下取得了很大发展，但是与农业现代化和新农村建设发展的要求相比，还有巨大差距。首先，洪涝和干旱依然严重。每年全市受旱面积都在200万亩左右，涝灾也是时有发生，靠天吃饭的局面还没有完全摆脱；而且全市还有1/3的耕地灌溉没有保障，有近30万亩易涝耕地，旱、涝损失惨重。其次，水利设施严重老化。泰安市有53处万亩以上的灌溉区，3623座排灌站，3317座塘坝，40%以上严重老化失修，实际灌溉能力不足60%。再次，科技含量低。泰安市节水灌溉面积虽然占到有效灌溉面积的59%，但主要是以渠道防渗和低压灌溉为主，仅占有效灌溉面积的4%，农田灌溉水利用率只有55%，有将近一半的灌溉水被浪费。[①]

3. 能源基础设施

泰安市能源供给充足，是典型的资源型城市。截至2010年底，泰安市已实现村村通电，人人能用电。在2010年的全年用电总量中，农村用电占10.32%。但从平均指标来看，全市农村人口人均年用电量仅为24.8千瓦时，远远低于城市人口人均年用电量(50.8千瓦时)水平。2008年新建户用沼气池8500个，累计建成户用沼气池7万多个。争取国家国债沼气项目1个和省级4个，国家和省级大型畜禽养殖场沼气工程2处，落实“一池三改”3000户和“一池两改”4250户，争取转移支付资金850万元。市农业局积极争取农业厅支出，积极筹划，使497名沼气生产工拿到农业部颁发的上岗证书，共计培训农民1800多名，并配备25台沼渣出料车，为沼气用户提供全方位服务。[②]总体上看，泰安市农村的能源供给以煤炭和柴草为主，长期主要使用这两类能源的居民户数占大多数。虽然沼气、秸秆气建设有了很大发展，但占有比例较之使用传统能源仍较少。泰安市农村能源供给

---

① 鹿俊峰．泰安市农村基础设施建设投入问题研究[D]．山东农业大学硕士学位论文，2007．

② 数据来源：泰安统计年鉴2010。

结构不合理，过多使用煤炭和柴草，增大了资源和环境的压力。而且财政支持微弱，资金来源单一，距离完全满足农村居民能源基础设施需求还有较大差距，现阶段能源基础设施建设资金主要依靠农户自筹。

4. 通信基础设施

在邮政通信方面，所有乡镇均有邮电所，实现了村村通邮，农村居民通信方面的需要基本得到满足。现在农村家庭电话普及率达到79.3%，广播和电视设施也有较大发展，村村实现了广播覆盖，农村彩电普及率也达90%以上，电脑普及率34.96%，卫星电视信号覆盖率达到100%。[①] 泰安市农村通讯信息基础设施基本上能满足需要，但通讯和信息基础设施仍相对落后。随着农村经济社会发展和产业结构调整，多数农民希望依托现代通信手段获取更多的农业科技和市场信息，但现有小规模和分散的通信基础设施还不能完全满足农村居民的通信需求；虽然广播电视基础设施有了较大改观，但全市仍有很大一部分农村没有通有线电视，农村居民的信息需求得不到充分的满足。

5. 文化卫生基础设施

近几年，泰安市在原有文化室建设基础上，创建了一批多功能、配套设施齐全的"文化大院"，目前已经发展到1120处，其中较高标准的有300多处。"三下乡"活动年内，全市文化下乡送图书6万册，建村级文体活动室648个，送戏2176场，送电影6292场，培训农村文化骨干2014人，送科技录像带1192盘，送科技资料240万份，举办科技大集2万场，举办科技培训班1365期。[②] 截至2010年底，泰安市农村共有医院、卫生院2758个，平均每个镇32个；共有乡村医生和卫生员7918人，平均每个镇92人，其中，大专及以上学历299人，占医生数量的3.78%。药品、器械折合人民币950万元，建农村卫生室460个。6个县市区新型农村合作医疗全面启动，行政村覆盖率达到100%；全市共有354.3万名农民参加，占农业人口的91.2%。截至

① 数据来源：泰安统计年鉴2010。
② 同上。

2008 年 10 月底，全市共报销医疗费 7229.4 万元，受益农民 367.8 万余人次，其中报销万元以上的 126 人次，初步解决了农民看不起病、因病致贫、因病返贫的问题。举办医务人员培训班 327 次，为农民义诊 16 万人次。[①]

总的来看，目前泰安市农村医疗卫生事业仍处于起步阶段。相对而言，城镇基本医疗保险制度日趋完善，医疗保险覆盖率和社会保险覆盖率持续扩大；而农村新型合作医疗制度则刚开始实施，且保障水平也还不是很高。农民养老主要依靠子女和家庭养老，农村地区由于医疗基础设施的不健全，因病致贫、因病返贫等现象仍然存在。因此，政府投入资金与各类农村基础设施建设的实际需求还存在一定差距。

第二节 影响政府投入与实际需求差距的因素

一、中央和地方政府财政投入总量不足

农村基础设施具有公共产品的属性，中央政府有责任对农村基础设施进行投资，特别是我国作为农业大国，农村人口高达 8 亿，农村人口占到全国人口的 70%。由于改革开放后一段时间国家主要的政策倾向放在城市领域，对于农村基础设施有所忽视，中央政府和地方政府有充足的理由加大对于农村基础设施的投资力度，增加农村基础设施投资的支出。但是，从实际情况来看，农村固定资产投资比例远远低于世界平均水平。虽然中央财政对于“三农”，特别是农村基础设施的投资力度不断加大，但是中央财政的投入仍然难以满足农村基础设施的需求。

地方政府目前财政负担过重，财政投资能力逐步下降，是影响地方财政投资农村基础设施的主要原因。虽然国家财政收入总体水平有所上升，但是地方政府收入占国家财政收入的总体比例却在下降，

---

① 鹿俊峰．泰安市农村基础设施建设投入问题研究[D]．山东农业大学硕士学位论文，2007.

特别是在取消农业税后，地方财政更是入不敷出，西部地区尤其如此。[①] 而农村基础设施需求的不断增长又需要地方财政的支持，中央政府的转移支付政策并不能弥补地方政府财政收入的减少。在没有充足资金来源的情况下，地方政府只能选择将农村基础设施投资任务转嫁给村集体和农民，或者减少投入力度，从而造成农村基础设施目前投入与需求的差距。

二、村级组织和农民自身投资能力不足

村级组织是农村的基本组成单位，也是大量农村准公共产品的供给主体，农村基础设施的公共产品属性使其具有非排他性和非竞争性。比如，农村环境改善作为一类受益范围较大的公共产品，无法排除任何一个村民享受。所以，村组织在农村基础设施建设上具有重要作用。但是，村组织因为农业税和“三提五统”的取消，村集体自身的收入能力和投资能力有限，除了少数有村集体企业发展较好的村庄外，村组织无法承担基础设施投资的责任。另外，农民作为农村基础设施的直接受益者，从理论上来讲，应该也是农村基础设施的投资主体，通过自发、自愿集资的方式为基础设施建设筹集资金也是一条可以选择的途径。但是，因为大部分农村地区经济发展落后，产业结构不合理，农民收入来源匮乏，客观上造成了无法直接依靠农民集资获得基础设施建设资金的状况，所以农村基础设施建设只能依靠政府投入，而在政府投入不足的情况下就难以满足村民的基本需求，造成需求和供给的矛盾。

三、农村基础设施建设资金来源渠道单一

农村基础设施，从目前情况来看，主要还是依靠中央和地方财政投入，村组织和村民作为额外补充方式来营建基础设施，但是，从实际情况来看，这些融资渠道筹集的资金极为有限，远远无法满足农村基础设施建设的巨大需求。资金来源的单一使基础设施需求和政府

---

① 刘银喜. 取消农业税对农村公共财政影响的实证分析——以内蒙古、河南、安徽、山东四省区的实地调研为依据[C]. “21世纪的公共管理:机遇与挑战”第三届国际学术研讨会文集,2008年10月。

投入的矛盾更为突出。只有拓宽融资渠道,进行创新融资,通过各种方式引进外资、民间资本等,使资金来源多样化,才能从资金源头上解决农村基础设施的供给和需求矛盾。

农村基础设施分为不同种类,对于不同类别的农村基础设施,资金来源可以做到有所不同。对于那些具有高度非排他性和非竞争性的纯公共产品,资金投入很难通过任何经营和财政优惠获得补偿,更难以盈利,因此只能通过全额财政投入或者村集体出资进行供给。对于具有一定非排他性和非竞争性的准公共产品或者既具有排他性和竞争性、又具有公共性的私人物品,则可以通过收费回收成本,取得盈利,也可以通过财税补贴和优惠对投资进行补偿,因此可以通过市场化的方式融资,使资金来源多样化。[①] 比如农村污水处理厂、农村文化服务基础设施的建设和运营,就可以通过引入民间资本和私人投资,以特许经营转让、收取污水处理费的方式补偿投入成本。

四、农村基础设施管理不善导致使用效率低

目前我国农村基础设施供给处于不足状态,除了政府、村组织与村民各类主体投入不足的原因外,现有农村基础设施管理效率低、服务质量差等同样是影响基础设施供给的重要因素。由于缺乏科学合理的管理机制,很多农村基础设施无人维修,使用寿命缩短,服务功能没有很好地发挥,甚至处于瘫痪和半瘫痪状态。管理不善、功能弱化主要是由于农村基础设施责任主体和收益主体不明确而导致,承担农村基础设施管理运营责任的名义上是村委会或有关政府部门,但是由于缺乏相应的激励机制和约束机制,缺乏管理和运营基础设施的动力和保障,从而降低了基础设施的管理和维护水平。从一个方面来看,政府监督机制存在漏洞,监督缺位,对管理者的权责无法进行全面监督,因而也难以做到规范合理的管理和维护。另一方面,在经营性较强的基础设施领域,缺乏科学合理的市场化运营机制。比如,对于一些具有排他性的农村基础设施,可以采用特许经营方

---

① 刘银喜. 农村公共产品供给市场化研究[J]. 中国行政管理,2005(3).

式,引入具备相应资质的运营商,通过提供服务进行收费或者政府协议采购来补偿成本和获取利润。这样,通过引入市场竞争机制将会使运营商从企业和股东利益的角度考虑问题,有动力进行科学经营、合理维护,从而最大限度地对基础设施进行开发利用,满足农村农民的生产生活需求。

五、农村基础设施投资结构不合理

"三农"在我国国民经济中的地位不言而喻,全社会对农业的投入在逐年增加,但随着投入的增加,却存在"支农资金不支农"的现象。因为我国目前农村和农业投资结构还不合理,农民从中享受到的利益非常有限。从我国目前基层的管理体制来看,乡镇政府的负责人是由上级政府考核和决定;而且由于各级政府实行财政分税制,财政收入与同级部门的直接利益挂钩,多收多支,少收少支。这就决定了相关部门会根据利益的多少来决定对哪些农村基础设施进行投资,并不过多考虑农民的需求。为此,乡镇政府及村组织追求的目标与农民实际需求存在差异。而为了达到政府目标,乡镇政府或者村组织就会就开办某项公共事业或者兴办某项工程向农民摊派费用,也就是采用一事一议的方式向农民强制收费。而且,由于缺乏有效的基础设施建设中的沟通协调机制,农民无法在供给决策中反映自己的意见,无法表达自己的需求和偏好,最终形成了这种不反映农民需求的带有强制性的自上而下的决策程序。正是由于这种自上而下的农村基础设施供给决策机制,使农村基础设施的提供与广大农民的需求相脱节,基础设施供给无法反映农民的真实需求和价值偏好,导致农村基础设施供给结构失衡;而且由于供给结构直接决定了投资结构,这就导致我国大量农村基础设施建设的投资结构不合理。

六、农村基础设施建设及投资相关法律法规不健全

我国农村的基础设施供给相对于需求是严重不足的。研究表明,基础设施供给对于农村地区经济发展和农民增收作用明显,基础

设施的产出弹性达到0.695。[1] 从我国目前的财税体制和政府的投资能力来看,单单靠中央政府和地方政府财政为农村基础设施建设提供资金无法满足农村(牧区)地区巨大的资金需求,民间资金的引入和多渠道投资渠道的建立势在必行。新融资方式的引进和使用,需要一系列的法律法规作为保证,项目融资方式(如BOT、BOO等)建立在以规范的项目建设协议和特许经营协议为保障的法律文件和合同之上。只有以规范的法律合同和协议作为保证,才能使得项目融资以及基础设施建设运营过程中的权利义务得到保证,才能使投融资各主体的行为规范化,规避和降低资金投入者和项目经营者的各项风险。北京市早在2005年就颁布了《北京市城市基础设施特许经营条例》,用以规范北京市采用特许经营方式进行投融资的基础设施项目的操作过程。农村地区虽然与城市地区存在一定的差异性,短期内无法完全依靠市场化经营,需要财政直接投资的基础设施种类更多,但是此类法律法规的研究和出台同样意义重大。在农村(牧区)经济社会发展过程中,因各种条件的改变,非经营性基础设施与经营性基础设施之间会发生互相转换,通过项目融资方式获得资金的基础设施项目也会不断增加。所以,农村基础设施领域项目融资方式的引入、市场化供给机制的确立、制定和颁布健全的法律法规是不可或缺的。

---

① 刘生龙,胡鞍钢. 交通基础设施与经济增长:中国区域差距的视角[OL]. 国务院发展研究中心信息网,http://www.drcnet.com.cn/www/integrated/,2010-12-15.

第四章　政府对农村基础设施投资的效益分析

基础设施是一个社会运行所必需的基本物理结构，从地域上对基础设施进行划分，它包括城市和农村两个方面。城市基础设施包括城市道路、供水设施、排水设施等，农村基础设施包括水利基础设施、医疗基础设施、教育基础设施、通信基础设施、邮电基础设施等。农村基础设施种类繁多，涉及农村生产和生活的方方面面。政府作为农村社会经济发展重要的支持力量，对农村基础设施投资具有义不容辞的责任。而随着城乡二元经济结构的逐步形成，农村基础设施投资与城市相比也逐渐出现差距。道路崎岖，通信覆盖不足，饮用水不卫生等，已经成为农村生产生活的真实写照，农村基础设施也成为我国城乡二元经济结构的牺牲品。投资是政府履行宏观调控和公共服务职能的重要经济手段，政府作为农村公共产品的主要供给主体，有责任也有义务支持农村发展，通过逐步加大对于农村基础设施投资的力度，逐步消除长期困扰我国经济社会发展的城乡二元经济结构。

随着中央和地方政府对农村基础设施滞后发展的逐渐重视，近年来各级政府对于农村基础设施的投资不断加大，仅 2006—2008 年就大约有 643.3 亿元和 390 亿元的中央政府投资分别用于农村道路和供水设施建设。[①] 特别是在 2006—2010 年的五年间，随着国家四万亿元财政刺激计划的出台，农村基础设施投资得到政府的大力支持。据有关数据统计，仅在“十一五”期间，政府分别累计安排农村饮水安全工程建设投资 590 亿元，农网建设与改造投资 1325 亿元，农村公路建设投资 1798 亿元。[②] 可见，中央和地方政府正在通过投资等

① 蒋时节，肖立银，彭毅，杨建伟. 农村基础设施投资效益评价的关键指标遴选[J]. 农业工程学报，2010(9).

② 国家发展与改革委员会. 2011 年农村基础设施建设发展报告[OL]. 国家发改委网站，http://www.sdpc.gov.cn/，2011.

方式来实现农村基础设施建设的快速发展。

各级政府对于农村基础设施投资的增加，虽然与我国财政收入的持续增长有关（“十一五”期间我国财政收入从2006年的3.16万亿元增长到2010年的8.31万亿元，增幅高达162.97%），但更为重要的原因是各级政府（特别是中央政府）逐渐认识到农村基础设施建设的重要意义。农村基础设施直接关系到农村整体生产力的发展和农民生活水平的提高，更直接关系到长期困扰我国社会经济发展的“三农”问题的解决。只有不断加大对农业基础设施的投资，才能逐步缩小城乡差距，才能实现共同富裕的基本目标。

政府对农村基础设施投资金额的不断加大，是有利于解决“三农”问题的良好趋势，但是这个过程中出现的一些问题值得进行研究，特别是效益问题愈发突出。以内蒙古为例，围栏建设作为政府对牧区投资的重要方面，旨在减轻牧民负担，实现牧区基础设施完善。但是中央和地方政府对于牧户重复投资的现象严重，导致一些牧场出现三层甚至四层围栏的情况，大量政府投资资金被任意浪费，实际效果难以让人满意。所以，农村基础设施投资作为政府供给农村公共产品的一种行为，不仅要重视量的提高，更应该重视质的提升。效益就是质的重要方面，各级政府应该逐步认识到投资效益对于政府经济行为的重要意义。在市场经济条件下，政府也应该同企业一样，注重投资效益，实现最小投入的最大产出比例。就此来看，对政府投资农村基础设施建设的效益展开分析非常必要。

第一节　模型方法

一、模型指标及应用

投资效益就是指投资活动所取得的成果与所占用或消耗的投资之间的对比关系。政府对农村基础设施的投资效益就是指政府对于农村基础设施投资所取得的收益与相关投资数量或金额之间的相互对比关系。效益又分为经济效益和社会效益两个方面。政府投资的农村基础设施并非像企业投资项目一样，能够直接获得实际经济效益，特别是一些诸如水、电、路等与农民生活水平相关的投资，难以对其经济效益进行把握。而且，农村基础设施投资种类较多，更加大了分析的困难程度。所以，对于农村基础设施投资的经济效益需要借助一些代表性指标从微观的角度进行分析。社会效益可以认为是农村基础设施所产生的正外部性的重要方面，数据量化比经济效益更为困难，难以用代表性指标衡量，这就需要实际的调查研究，通过实证方法来分析现实农村生产生活中农村基础设施投资对于农村所带来的社会效益。为此，本课题组选取两种方法来对政府的农村基础设施投资效益进行分析，即采用模型方法分析政府投资农村基础设施所产生的经济效益，采用实证方法对政府投资农村基础设施的社会效益进行分析。

根据实际研究的需要以及诸多学者对于这一领域的实际研究经验，课题选取计量经济模型方法来对政府投资农村基础设施的经济效益进行分析。采用计量经济模型方法的目的，是要把实际经验的内容纳入经济理论，确定表现各种经济关系的经济参数，从而验证经济理论，预测经济发展趋势，为制定经济政策提供依据。在这里，课题采用的中级计量经济模型分析方法，主要通过实际经验来选取投资和收益的代表指标，以此得到相关计量模型，再对指标之间的相互关系进行分析，从微观的变量关系角度来对政府投资农村基础设施建设的经济效益进行把握。

EViews 软件是计量经济分析主要采用的分析软件，它可以通过计算机处理来获得一些计量数据，省去大量繁琐计算，而且数据较为精确，受到研究人员的普遍欢迎。课题就以此为模型分析工具，运用 EViews 3.1 软件对相关指标数据进行定量分析，借此研究政府对农村基础设施的投资效益。模型方法主要包括三个步骤：第一步，选取代表指标及模型设定；第二步，参数估计、检验及修正；第三步，模型最终确立及分析经济意义。

1. 代表指标与模型的选择

选择代表指标是模型分析的首要步骤，只有选取有充分代表性的指标，才能说明相关经济问题。因此，做模型分析必须要选取代表性强、可操作性强的指标作为模型分析的代表指标。

政府对于农村基础设施的投资主要包括水利基础设施投资、医疗基础设施投资、文化基础设施投资、通信基础设施投资等诸多方面。根据实际调研总结,课题选用几个极具代表性的量化指标来进行分析;分别选取水利基础设施投资、文化基础设施投资、卫生基础设施投资、通信基础设施投资、邮电基础设施投资五个方面来作为政府对农村基础设施投资的代表性内容,以代表政府对农村设施投资的数量和数额;又使用农村水电建设年度投资额、乡镇文化站数目、村卫生室数目、农村固定电话用户数和邮政农村投递路线等五项指标作为这五项内容的具体数据或数值。

政府对农村基础设施投资主要为解决长期存在于我国的"三农"问题,所以课题组选用农村经济发展水平、农民生活水平、农业经济效益三个指标来代表政府对农村基础设施投资的收益。而为了方便量化,又采用第一产业国民生产总值、农村居民家庭人均纯收入和农林牧渔业总产值三个具体数值指标来分别代表农村经济发展水平、农民生活水平和农业经济效益。

综上所述,具体指标解释如下:

(1) 第一产业国内生产总值。国内生产总值(GDP)是指按市场价格计算的一个国家(或地区)所有常住单位在一定时期内生产活动的最终成果。三个产业的划分是世界上较为常用的产业结构分类,但各国的划分不尽一致。我国的三次产业划分是:第一产业是指农业、林业、畜牧业、渔业和农林牧渔服务业;第二产业是指采矿业,制造业,电力、煤气及水的生产和供应业,建筑业;第三产业是指除第一、第二产业以外的其他行业。第一产业国民生产总值就是指农业、林业、畜牧业、渔业和农林牧渔服务业的国内生产总值。

(2) 农村居民家庭人均纯收入。它指农村住户当年从各个来源得到的总收入相应地扣除所发生的费用后的收入总和。计算方法:

纯收入 = 总收入 - 家庭经营费用支出 - 税费支出
- 生产性固定资产折旧 - 赠送农村内部亲友

(3) 农林牧渔业生产总值。它是以货币表现的农林牧渔业全部产品和对农林牧渔业生产活动所进行的各种支持性服务活动的价值总量,它反映了一定时期内农林牧渔业生产总规模和总成果。

(4) 农村水电建设年度投资额。它表示政府在年度内通过购买性支出和转移支付投资农村水电建设的总资金。

(5) 乡镇文化站数目。它表示在年度内全国范围内以实体形式存在的乡镇文化站总数目。

(6) 村卫生室数目。它表示在年度内全国范围内行政村所拥有的卫生室总数目。

(7) 农村固定电话用户数。它表示年度内农村地区安装固定电话的数目。

(8) 邮政农村投递路线表示邮政机构在农村的总投放路线长度。它与农村道路建设密切相关。

选取八个数据对政府的农村基础设施投资效益进行分析,可以较为全面地反映政府投资对于农村、农民和农业的收益影响。所以,要分别建立三个模型来进行分析。结合实际研究经验,模型可以分别设定为:

$$Y_1 = \alpha_0 + \alpha_1 X_1 + \alpha_2 X_2 + \alpha_3 X_3 + \alpha_4 X_4 + \alpha_5 X_5 + \varepsilon_1$$
$$Y_2 = \beta_0 + \beta_1 X_1 + \beta_2 X_2 + \beta_3 X_3 + \beta_4 X_4 + \beta_5 X_5 + \varepsilon_2$$
$$Y_3 = \gamma_0 + \gamma_1 X_1 + \gamma_2 X_2 + \gamma_3 X_3 + \gamma_4 X_4 + \gamma_5 X_5 + \varepsilon_3$$

其中,α_0、α_1、α_2、α_3、α_4、α_5、β_1、β_2、β_3、β_4、β_5、γ_0、γ_1、γ_2、γ_3、γ_4、γ_5分别是未知参数,ε_1、ε_2、ε_3分别代表三个公式的剩余残差项,Y_1代表第一产业国内生产总值,Y_2代表农村居民家庭人均纯收入,Y_3代表农林牧渔业生产总值,X_1代表农村水电建设年度投资额,X_2代表乡镇文化站数目,X_3代表村卫生室数目,X_4代表农村固定电话用户数,X_5代表邮政农村投递路线。模型分析的意义,主要是考察政府投资农村基础设施与农村经济发展水平、农民收入水平和农业经济效益三者之间的关系,进而分析政府对农村基础设施的投资效益。研究数据主要来源于《2011 年中国统计年鉴》,具体采用的数据如表 4. 1 所示。

2. 模型的参数估计、检验及修正

(1) 政府对农村基础设施投资与农村经济发展水平相关性分析

政府对农村基础设施投资是促进农村经济发展的重要手段,这是研究农村经济的普遍共识。在这种政府行为下,存在着这样一种逻辑推理,即政府加大对农村基础设施投资力度将会促进农村基础设施状况的改善,进而推动农村经济的发展。近年来,政府对农村基础设施的投资力度不断加强,但政府投资行为对农村经济发展到底起到怎样的推动作用,或者说政府对农村基础设施投资与其相应的

表 4.1　计量经济分析原始数据

年份	Y_1第一产业国内生产总值（亿元）	Y_2农村居民家庭人均纯收入(元)	Y_3农林牧渔业总产值（亿元）	X_1农村水电建设年度投资额（亿元）	X_2乡镇文化站(所)	X_3村卫生室(所)	X_4农村电话用户数(万户)	X_5农村投递线路(公里)
1996	14015.4	1926.1	22353.7	144.3	41969	755565	1216.9	3358051
1997	14441.9	2090.1	23788.4	145.2	42163	733624	1786.6	3402946
1998	14817.6	2162.0	24541.9	158.6	42547	728788	2482.3	3361484
1999	14770.0	2210.3	24519.1	183.4	42543	716677	3408.4	3348054
2000	14944.7	2253.4	24915.8	222.1	42024	709458	5171.3	3364498
2001	15781.3	2366.4	26179.6	213.4	40138	698966	6843.1	3492761
2002	16537.0	2475.6	27390.8	239.3	39273	698966	7843.1	3511190
2003	17381.7	2622.2	29691.8	300.6	38588	514920	9165.0	3531832
2004	21412.7	2936.4	36239.0	376.3	38181	551600	10150.0	3530508
2005	22420.0	3254.9	39450.9	434.4	38362	583209	11069.2	3565226
2006	24040.0	3587.0	40810.8	460.4	36874	609128	11645.6	3566982
2007	28627.0	4140.4	48893.0	511.8	37384	613855	11704.0	3637553
2008	33702.0	4760.6	58002.2	456.9	37938	613143	10880.0	3656936
2009	35226.0	5153.2	60361.0	456.3	38736	632770	10183.2	3676051
2010	40533.6	5919.0	69319.8	439.9	40118	648424	9776.1	3690561

农村经济收益到底存在怎样的关系,需要运用模型方法来对其进行数量分析。政府对农村基础设施投资与农村经济发展水平的相关性分析具体如下:

① *OLS* 回归分析。

从前文得知,设定的政府对农村基础设施投资与农村经济的相关模型为:$Y_1 = \alpha_0 + \alpha_1 X_1 + \alpha_2 X_2 + \alpha_3 X_3 + \alpha_4 X_4 + \alpha_5 X_5 + \varepsilon_1$。现采用表4.1中的计量经济原始分析数据,利用 *EViews* 3.1 进行 *OLS* 回归分析操作,得到回归结果(如表4.2所示)。

表4.2 OLS 回归结果

Dependent Variable: *Y*

Method: Least Squares

Date: 11/29/11 Time: 09:23

Sample: 1996 2010

Included observations: 15

Variable	Coefficient	Std. Error	*t*-Statistic	Prob.
C	-328800.3	43034.62	-7.640366	0.0000
X_1	52.46992	11.94796	4.391537	0.0017
X_2	2.542284	0.736405	3.452289	0.0072
X_3	0.002782	0.012611	0.220604	0.8303
X_4	-0.772452	0.608279	-1.269898	0.2360
X_5	0.067459	0.009968	6.767599	0.0001
R-squared	0.972436	Mean dependent var		21910.06
Adjusted *R*-squared	0.957123	S.D. dependent var		8734.979
S.E. of regression	1808.734	Akaike info criterion		18.12782
Sum squared resid	29443663	Schwarz criterion		18.41104
Log likelihood	-129.9586	*F*-statistic		63.50289
Durbin-Watson stat	3.383254	Prob(*F*-statistic)		0.000001

由表4.2可以看出,$R^2 = 0.972436$,$\bar{R}^2 = 0.957123$,可决系数很高,*F* 检验值为63.50289,数值非常高。但是,当 $\alpha = 0.05$ 时,$t_{\alpha/2}(n-k) = t_{0.025}(15-6) = 2.262$。$X_4$ 的 t 检验值不明显,而且与预期符号相反,说明可能存在多重共线性。

② 多重共线性检验及修正。

计算各解释变量的相关系数,选择 X_1、X_2、X_3、X_4、X_5 数据,得到相关系数矩阵(如表4.3所示)。

表 4.3　相关系数矩阵

变量	X_1	X_2	X_3	X_4	X_5
X_1	1	−0. 866157302026	−0. 727998864928	0. 937940815947	0. 90988136678
X_2	−0. 866157302026	1	0. 817251489826	−0. 9412727412	−0. 809589868946
X_3	−0. 727998864928	0. 817251489826	1	−0. 826280087523	−0. 653185643488
X_4	0. 937940815947	−0. 9412727412	−0. 826280087523	1	0. 883744347353
X_5	0. 90988136678	−0. 809589868946	−0. 653185643488	0. 883744347353	1

由表 4.3 相关系数矩阵可以看出,各解释变量之间的相关系数较高,证实确实存在多重共线性。

由于各解释变量之间存在严重多重共线性,所以采用逐步回归的办法,去检验和解决多重共线性问题。分别做 Y 对 X_1、X_2、X_3、X_4、X_5的一元回归,结果如表 4.4 所示。

表 4.4 一元回归估计结果

变量	X_1	X_2	X_3	X_4	X_5
参数估计值	54.02348	-2.424819	-0.052316	1.608053	0.064591
t 统计量	5.580190	-2.405309	-1.742724	3.512753	7.639357
R^2	0.705473	0.307977	0.189379	0.486966	0.817825
$\bar{R}^2$	0.682817	0.254745	0.127024	0.447501	0.803811

其中,加入 X_5的方程 $\bar{R}^2$ 最大,以 X_5为基础,顺次加入其他变量逐步回归,结果如表 4.5 所示。

表 4.5 加入新变量的回归结果(一)

变量 \ 变量	X_1	X_2	X_3	X_4	X_5	R^2
X_5,X_1	6.384747 (0.335806)				0.058140 (2.753723)	0.789441
X_5,X_2		2.246858 (3.465073)			0.094325 (8.899067)	0.893761
X_5,X_3			0.032609 (1.901635)		0.077245 (7.582019)	0.836679
X_5,X_4				-1.066689 (-2.040453)	0.093809 (5.789541)	0.842208

经比较,新加入 X_2的方程 $\bar{R}^2=0.893761$,改进最大,而且各参数的 t 检验显著,选择保留 X_2,再加入其他新变量逐步回归,结果如表 4.6 所示。

表 4.6　加入新变量的回归结果(二)

变量＼变量	X_1	X_2	X_3	X_4	X_5	R^2
X_5, X_2, X_1	43.61345 (4.265266)	3.360605 (6.845266)			0.064998 (6.723489)	0.956329
X_5, X_2, X_3		2.167519 (2.437067)	0.002608 (0.137462)		0.094287 (8.521425)	0.884301
X_5, X_2, X_4		2.841161 (2.430170)		0.478279 (0.618406)	0.089089 (6.461023)	0.887997

在 X_2, X_5 基础上加入 X_1 后的方程 $\bar{R}^2 = 0.956329$ 改进最大，而且各个参数的 t 检验都显著，所以保留 X_1，再加入其他变量逐步回归，结果如表 4.7 所示。

表 4.7　加入新变量的回归结果(三)

变量＼变量	X_1	X_2	X_3	X_4	X_5	R^2
X_5, X_2, X_1, X_3	44.59286 (4.238946)	3.113357 (5.182486)	0.008948 (0.746294)		0.064209 (6.469719)	0.954496
X_5, X_2, X_1, X_4	52.73742 (4.664239)	2.569563 (3.721012)		−0.824118 (−1.543250)	0.067885 (7.297864)	0.961202

在 X_1, X_2, X_5 的基础上加入 X_3 后，R^2 没有改进，加入 X_4 后 $\bar{R}^2$ 略有改进，但是 X_4 参数的 t 检验不显著。这说明 X_3, X_4 引起多重共线性，应予以剔除。

③ 异方差检验及修正。

为了进一步检测预测模型的有效性，对其进行异方差检验。White 检验是通过建立辅助回归模型的方式来判断异方差性。在本课题中，直接利用 EViews 进行该检验，结果如表 4.8 所示。

表 4.8　White 检验结果

White Heteroskedasticity Test：

F-statistic	1.211192	Probability	0.389760
Obs * R-squared	7.139987	Probability	0.308095

（续表）

Test Equation:				
Dependent Variable: RESID^2				
Method: Least Squares				
Date: 11/30/11 Time: 11:51				
Sample: 1996 2010				
Included observations: 15				
Variable	Coefficient	Std. Error	*t*-Statistic	Prob.
C	-1.73E+09	2.11E+09	-0.820591	0.4356
X_1	-84888.42	69191.36	-1.226865	0.2548
X_1^2	192.2669	112.9366	1.702432	0.1271
X_2	71420.84	49240.80	1.450440	0.1850
X_2^2	-0.905283	0.625260	-1.447852	0.1857
X_5	240.8913	1201.622	0.200472	0.8461
X_5^2	-4.14E-05	0.000169	-0.244387	0.8131
R-squared	0.475999	Mean dependent var		2443544.
Adjusted *R*-squared	0.082998	S. D. dependent var		3076516.
S. E. of regression	2946077.	Akaike info criterion		32.93457
Sum squared resid	6.94E+13	Schwarz criterion		33.26500
Log likelihood	-240.0093	*F*-statistic		1.211192
Durbin-Watson stat	3.015973	Prob(*F*-statistic)		0.389760
Sample: 1996 2010				
Included observations: 15				

从表4.8可以看出，$nR^2=7.139987$。由White检验知，在$\alpha=0.05$时，查χ^2分布表，得临界值$\chi_{0.05}(6)=12.0170$。比较计算χ^2统计量与临界值，因为$nR^2=7.139987<\chi_{0.05}(4)=12.0170$，表明模型不存在异方差，无需修正。

④ 自相关的检验与修正。

在检测完多重共线性和异方差后，课题采用DW检验方法对方程自相关进行检验，结果如表4.9所示。

表 4.9　OLS 回归结果

Variable	Coefficient	Std. Error	t-Statistic	Prob.
C	-353933.5	39926.49	-8.864628	0.0000
X_1	43.61345	10.22526	4.265266	0.0013
X_2	3.360605	0.490939	6.845266	0.0000
X_5	0.064998	0.009667	6.723489	0.0000
R-squared	0.965687	Mean dependent var		21910.06
Adjusted R-squared	0.956329	S. D. dependent var		8734.979
S. E. of regression	1825.406	Akaike info criterion		18.08017
Sum squared resid	36653159	Schwarz criterion		18.26898
Log likelihood	-131.6013	F-statistic		103.1925
Durbin-Watson stat	2.967332	Prob(F-statistic)		0.000000

根据 DW 检验决策规则，$d_u < DW < 4 - d_u$，误差项之间无自相关。通过查询查德宾—沃森 d 统计量表可知 DW 的 $d_u = 1.750$。$DW = 2.967332 > 4 - d_u = 2.250$，所以模型存在自相关。用迭代法对模型进行修正。具体修正步骤如下：

表 4.10　迭代法修正结果

Dependent Variable: Y
Method: Least Squares
Date: 12/01/11Time: 10:26
Sample(adjusted): 1997 2010
Included observations: 14 after adjusting endpoints
Convergence achieved after 5 iterations

Variable	Coefficient	Std. Error	t-Statistic	Prob.
C	-384245.4	19903.25	-19.30566	0.0000
X_1	46.40262	4.854786	9.558117	0.0000
X_2	3.723187	0.240529	15.47918	0.0000
X_5	0.069242	0.004723	14.66041	0.0000
AR(1)	-0.679294	0.200775	-3.383354	0.0081

（续表）

R-squared	0.986257	Mean dependent var	22473.96
Adjusted R-squared	0.980149	S.D. dependent var	8776.807
S.E. of regression	1236.595	Akaike info criterion	17.35056
Sum squared resid	13762516	Schwarz criterion	17.57880
Log likelihood	-116.4540	F-statistic	161.4698
Durbin-Watson stat	2.231389	Prob(F-statistic)	0.000000
Inverted AR Roots	-0.68		

经过调整后的样本共包含14个观测值，迭代5次后收敛，DW = 2.231389。此时，$d_u = 1.750 < DW < 4 - d_u = 2.250$。至此，自相关修正结束。

此外，模型的判定系数 $R^2 = 0.986257$，调整后判定系数 $\bar{R}^2 = 0.980149$，说明模型拟合度较好。F 检验和 t 检验均通过，说明模型对总体的相似程度较高并且各解释变量对被解释变量的影响显著。

(2) 政府对农村基础设施投资与农民生活水平相关性分析。

基础设施直接与农民生活相关，医疗、教育等基础设施建设关系到农民日常生活水平的提高。从农民生活水平的角度分析，政府对农村基础设施投资的经济收益主要体现为农民人均收入水平的提高。为此，利用模型方法建立农民人均收入水平与政府对农村基础设施投资的原始模型：$Y_2 = \beta_0 + \beta_1 X_1 + \beta_2 X_2 + \beta_3 X_3 + \beta_4 X_4 + \beta_5 X_5 + \varepsilon_2$。具体分析步骤如下：

① OLS回归分析。

采用计量经济原始分析数据（见表4.1和表4.2），利用EViews 3.1估计模型的参数，得到回归结果（如表4.11所示）。

表 4.11　OLS 回归结果

Dependent Variable：Y
Method：Least Squares
Date：12/02/11　Time：09:53
Sample：1996 2010
Included observations：15

Variable	Coefficient	Std. Error	t-Statistic	Prob.
C	-49408.08	5990.703	-8.247459	0.0000
X_1	6.855288	1.663235	4.121659	0.0026
X_2	0.409134	0.102512	3.991069	0.0032
X_3	0.000891	0.001756	0.507286	0.6242
X_4	-0.055839	0.084676	-0.659442	0.5261
X_5	0.009676	0.001388	6.973165	0.0001
R-squared	0.974194	Mean dependent var		3190.507
Adjusted R-squared	0.959857	S. D. dependent var		1256.693
S. E. of regression	251.7877	Akaike info criterion		14.18422
Sum squared resid	570573.3	Schwarz criterion		14.46744
Log likelihood	-100.3817	F-statistic		67.95055
Durbin-Watson stat	3.227099	Prob(F-statistic)		0.000001

由 OLS 回归结果可见，$R^2=0.974194$，$\bar{R}^2=0.959857$，模型可决系数较高，F 检验值 67.95055，十分显著。但是，当 $\alpha=0.05$ 时，$t_{a/2}(n-k)=t_{0.025}(15-6)=2.262$，不仅 X_3、X_4 的系数 t 检验不显著，而且 X_4 的系数符号与预期相反，这表明模型可能存在多重共线性。

② 多重共线性检验及修正。

计算各解释变量的相关系数，选择 X_1、X_2、X_3、X_4、X_5 数据，得到相关系数矩阵（如表 4.12 所示）。

表 4.12　相关系数矩阵

变量	X_1	X_2	X_3	X_4	X_5
X_1	1.000000	-0.866157	-0.727999	0.937941	0.909881
X_2	-0.866157	1.000000	0.817251	-0.941273	-0.809590
X_3	-0.727999	0.817251	1.000000	-0.826280	-0.653186
X_4	0.937941	-0.941273	-0.826280	1.000000	0.883744
X_5	0.909881	-0.809590	-0.653186	0.883744	1.000000

由相关系数矩阵可以看出，各解释变量之间的相关系数非常高，说明确实存在多重共线性问题。

由于各解释变量之间存在多重共线性，所以采用逐步回归的方法，去检验和解决多重共线性问题。分别做 Y 对 X_1、X_2、X_3、X_4、X_5 的一元回归，结果如表 4.13 所示。

表 4.13　一元回归结果

变量	X_1	X_2	X_3	X_4	X_5
参数估计值	7.758293	−0.347342	−0.007469	0.233203	0.009313
t 统计量	5.546247	−2.390269	−1.726183	3.568254	7.731975
R^2	0.702931	0.305310	0.186468	0.494801	0.821388
$\bar{R}^2$	0.680079	0.251872	0.123889	0.455940	0.807649

其中，加入 X_5 的方程 $\bar{R}^2$ 最大，以 X_5 为基础，顺次加入其他变量逐步回归，结果如表 4.14 所示。

表 4.14　新加入变量的回归结果(一)

变量＼变量	X_1	X_2	X_3	X_4	X_5	$\bar{R}^2$
X_5, X_1	0.740869 (0.273100)				0.008564 (2.842983)	0.792906
X_5, X_2		0.330554 (3.703927)			0.013687 (9.382495)	0.902774
X_5, X_3			0.004832 (2.002667)		0.011188 (7.805413)	0.843819
X_5, X_4				−0.147631 (−1.963379)	0.013357 (5.731055)	0.842284

经比较，新加入 X_2 的方程 $\bar{R}^2 = 0.902774$，改进最大，而且各参数的 t 检验显著。选择保留 X_2，再加入其他新变量逐步回归，结果如表 4.15 所示。

表 4.15　新加入变量的回归结果(二)

变量＼变量	X_1	X_2	X_3	X_4	X_5	$\bar{R}^2$
X_5,X_2,X_1	6.139607 (4.539439)	0.487340 (7.504826)			0.009559 (7.475415)	0.963086
X_5,X_2,X_3		0.317089 (2.591576)	0.000443 (0.169575)		0.013681 (8.987743)	0.894212
X_5,X_2,X_4		0.453612 (2.883123)		0.099034 (0.951513)	0.012603 (6.791919)	0.902001

经比较,在 X_2,X_5基础上加入 X_1后的方程 $\bar{R}^2=0.963086$,改进最大,而且各个参数的 t 检验都显著,所以保留 X_1,再加入其他变量逐步回归,结果如表 4.16 所示。

表 4.16　新加入变量的回归结果(三)

变量＼变量	X_1	X_2	X_3	X_4	X_5	$\bar{R}^2$
X_1,X_2,X_3,X_5	6.285869 (4.552418)	0.450416 (5.712251)	0.001336 (0.849112)		0.009441 (7.247557)	0.962126
X_1,X_2,X_4,X_5	6.940916 (4.359816)	0.417867 (4.297629)		−0.072378 (−0.962592)	0.009812 (7.491805)	0.962838

在 X_1,X_2,X_5的基础上加入 X_3后,$\bar{R}^2$ 没有改进;加入 X_4后,$\bar{R}^2$ 也没有改进,而且 X_4参数为负值,不合理。这说明 X_3,X_4引起多重共线性,应予以剔除。

③ 异方差检验及修正。

为了进一步检验预测模型的有效性,课题组对其进行了异方差检验。White 检验是通过建立辅助回归模型的方式来判断异方差性。我们直接利用 EViews 3.1 进行该检验,结果如表 4.17 所示。

表 4.17　White 检验结果

White Heteroskedasticity Test:

F-statistic	2.117308	Probability	0.160938
Obs * R-squared	9.203976	Probability	0.162427

Test Equation:

Dependent Variable: RESID^2

Method: Least Squares

（续表）

Date：12/02/11 Time：11:41				
Sample：1996 2010				
Included observations：15				
Variable	Coefficient	Std. Error	t-Statistic	Prob.
C	-63709357	38921781	-1.636856	0.1403
X_1	-893.5983	1275.185	-0.700760	0.5033
X_1^2	2.905221	2.081403	1.395799	0.2003
X_2	301.3193	907.4996	0.332032	0.7484
X_2^2	-0.003453	0.011523	-0.299692	0.7721
X_5	33.11747	22.14568	1.495437	0.1732
X_5^2	-4.79E-06	3.12E-06	-1.533076	0.1638
R-squared	0.613598	Mean dependent var		42751.19
Adjusted R-squared	0.323797	S. D. dependent var		66027.83
S. E. of regression	54295.71	Akaike info criterion		24.94700
Sum squared resid	2.36E+10	Schwarz criterion		25.27743
Log likelihood	-180.1025	F-statistic		2.117308
Durbin-Watson stat	2.640875	Prob(F-statistic)		0.160938

从表4.17中可以看出，$nR^2=9.203976$，由White检验可知，在$\alpha=0.05$下，查χ^2分布表，得临界值$\chi^2_{0.05}(6)=12.0170$。比较计算χ^2统计量与临界值，因为$nR^2=9.203976<\chi^2_{0.05}(6)=12.0170$，所以模型不存在异方差，无需修正。

④ 自相关的修正及检验。

表4.18 修正后OLS回归

Dependent Variable：Y
Method：Least Squares
Date：12/02/11 Time：15:18
Sample：1996 2010
Included observations：15

Variable	Coefficient	Std. Error	t-Statistic	Prob.
C	-51721.74	5281.109	-9.793727	0.0000
X_1	6.139607	1.352503	4.539439	0.0008

（续表）

Variable	Coefficient	Std. Error	t-Statistic	Prob.
X_2	0.487340	0.064937	7.504826	0.0000
X_5	0.009559	0.001279	7.475415	0.0000
R-squared	0.970996	Mean dependent var		3190.507
Adjusted R-squared	0.963086	S.D. dependent var		1256.693
S.E. of regression	241.4479	Akaike info criterion		14.03436
Sum squared resid	641267.9	Schwarz criterion		14.22318
Log likelihood	−101.2577	F-statistic		122.7541
Durbin-Watson stat	3.110929	Prob(F-statistic)		0.000000

根据DW检验决策规则，$d_u < DW < 4 - d_u$时，误差项间无自相关。通过查德宾—沃森d统计量表可知，通过观察表DW的$d_u = 1.750$，所以$1.750 < DW < 2.463$。通过观察上表可知，DW = 3.110929，所以模型存在严重的自相关，需用迭代法对模型进行修正（参见表4.19）。

表4.19　迭代法修正(1)

Dependent Variable：Y
Method：Least Squares
Date：12/02/11　Time：15:30
Sample(adjusted)：1997 2010
Included observations：14 after adjusting endpoints
Convergence achieved after 4 iterations

Variable	Coefficient	Std. Error	t-Statistic	Prob.
C	−55698.37	2743.211	−20.30407	0.0000
X_1	6.497456	0.667155	9.739052	0.0000
X_2	0.536736	0.032918	16.30525	0.0000
X_5	0.010097	0.000652	15.49725	0.0000
AR(1)	−0.716297	0.210703	−3.399562	0.0079
R-squared	0.986690	Mean dependent var		3280.821
Adjusted R-squared	0.980774	S.D. dependent var		1252.596
S.E. of regression	173.6823	Akaike info criterion		13.42479
Sum squared resid	271489.9	Schwarz criterion		13.65302

（续表）

Log likelihood	-88.97350	*F*-statistic	166.7919
Durbin-Watson stat	2.627360	Prob(*F*-statistic)	0.000000
Inverted AR Roots	-0.72		

经过调整后的 DW = 2.627360，证明模型仍然存在自相关，所以需要再进行一次迭代修正。修正后的结果如表 4.20 所示。

表 4.20　迭代法修正(2)

Dependent Variable: *Y*
Method: Least Squares
Date: 12/02/11　Time: 15:32
Sample(adjusted): 1998 2010
Included observations: 13 after adjusting endpoints
Convergence achieved after 5 iterations

Variable	Coefficient	Std. Error	*t*-Statistic	Prob.
C	-56999.72	2258.844	-25.23402	0.0000
X_1	6.604610	0.510727	12.93178	0.0000
X_2	0.553509	0.025944	21.33497	0.0000
X_5	0.010268	0.000524	19.60864	0.0000
AR(1)	-1.126069	0.347186	-3.243413	0.0142
AR(2)	-0.478752	0.336502	-1.422733	0.1978
R-squared	0.988767	Mean dependent var	3372.415	
Adjusted *R*-squared	0.980744	S. D. dependent var	1253.997	
S. E. of regression	174.0127	Akaike info criterion	13.46017	
Sum squared resid	211963.0	Schwarz criterion	13.72092	
Log likelihood	-81.49112	*F*-statistic	123.2356	
Durbin-Watson stat	2.360535	Prob(*F*-statistic)	0.000001	
Inverted AR Roots	-0.56 -0.40i	-0.56 +0.40i		

经过调整后的 DW = 2.360535，证明模型仍然存在自相关，所以需要再进行一次迭代修正。修正后的结果如表 4.21 所示。

表 4.21　迭代法修正(3)

Dependent Variable：Y
Method：Least Squares
Date：12/02/11　Time：15:38
Sample(adjusted)：1999 2010
Included observations：12 after adjusting endpoints
Convergence achieved after 7 iterations

Variable	Coefficient	Std. Error	t-Statistic	Prob.
C	-57397.10	2190.721	-26.20010	0.0000
X_1	6.656176	0.464921	14.31678	0.0000
X_2	0.559842	0.023015	24.32478	0.0000
X_5	0.010305	0.000515	20.01571	0.0000
AR(1)	-1.335508	0.428097	-3.119641	0.0263
AR(2)	-0.971038	0.619114	-1.568433	0.1776
AR(3)	-0.411473	0.418014	-0.984352	0.3701
R-squared	0.989715	Mean dependent var		3473.283
Adjusted R-squared	0.977374	S.D. dependent var		1253.464
S.E. of regression	188.5451	Akaike info criterion		13.60775
Sum squared resid	177746.2	Schwarz criterion		13.89061
Log likelihood	-74.64649	F-statistic		80.19463
Durbin-Watson stat	2.245538	Prob(F-statistic)		0.000083
Inverted AR Roots	-0.28-0.67i	-0.28+0.67i		-0.77

经过调整后的样本共包含12个观测值,迭代7次后收敛。与表4.20相比,DW统计量已经降低到2.245538,位于$1.750 < DW < 2.250$的区间。至此,自相关修正结束。

此外,模型的判定系数$R^2 = 0.989715$,调整后的判定系数$\bar{R}^2 = 0.977374$,说明模型的拟合优度较好;F检验和t检验均通过,说明模型对总体的近似程度较高并且各解释变量对被解释变量的影响显著。

(3) 政府对农村基础设施投资与农业经济收益相关性分析。

农林牧渔业总产值是农业发展的重要指标。政府投入数额巨大的资金,以各种支付方式支持农业的发展,目的就是提高农林牧渔业总产值,进而繁荣农村经济,提高农民生活水平。政府对农村基础设施投资的经济收益在农业方面主要应该体现为农林牧渔业的总产值，只有将政府对农村基础设施的投资与农业经济收益进行对比分析，才能更全面地分析政府对农村基础设施投资的农业方面的效益。所以，建立原始模型：$Y_3 = \gamma_0 + \gamma_1 X_1 + \gamma_2 X_2 + \gamma_3 X_3 + \gamma_4 X_4 + \gamma_5 X_5 + \varepsilon_3$。具体分析步骤如下：

① OLS 回归分析。

采用表 4.1 和表 4.2 中的数据，利用 EViews 3.1 估计模型的参数，得到回归结果（如表 4.22 所示）。

表 4.22　OLS 回归结果

Dependent Variable：*Y*
Method：Least Squares
Date：12/02/11　Time：15:57
Sample：1996 2010
Included observations：15

Variable	Coefficient	Std. Error	*t*-Statistic	Prob.
C	−572909.8	69474.86	−8.246290	0.0000
X_1	92.40088	19.28873	4.790408	0.0010
X_2	4.641033	1.188849	3.903805	0.0036
X_3	0.000599	0.020360	0.029399	0.9772
X_4	−1.190632	0.982003	−1.212452	0.2562
X_5	0.115210	0.016092	7.159432	0.0001
R-squared	0.976765	Mean dependent var		37097.19
Adjusted *R*-squared	0.963857	S. D. dependent var		15359.27
S. E. of regression	2920.010	Akaike info criterion		19.08574
Sum squared resid	76738130	Schwarz criterion		19.36896
Log likelihood	−137.1430	*F*-statistic		75.66947
Durbin-Watson stat	3.414328	Prob(*F*-statistic)		0.000000

在该模型中 $R^2 = 0.976765$，$\bar{R}^2 = 0.963857$，可决系数很高，F 检验值 75.66947，非常显著。但是，当 $\alpha = 0.05$ 时，$t_{\alpha/2}(n-k) = t_{0.025}(20-5) = 2.132$，不仅 X_3、X_4 系数的 t 检验不显著，而且 X_4 系数符号与预期的相反，这表明很可能存在严重的多重共线性。

② 多重共线性检验及修正。

计算各解释变量的相关系数，选择 X_1、X_2、X_3、X_4、X_5 数据，得到相关系数矩阵（如表 4.23 所示）。

表 4.23 相关系数矩阵

变量	X_1	X_2	X_3	X_4	X_5
X_1	1	0.817251489826	−0.727998864928	−0.826280087523	−0.653185643488
X_2	0.817251489826	1	−0.866157302026	−0.9412727412	−0.809589868946
X_3	−0.727998864928	−0.866157302026	1	0.937940815947	0.90988136678
X_4	−0.826280087523	−0.9412727412	0.937940815947	1	0.883744347353
X_5	−0.653185643488	−0.809589868946	0.90988136678	0.883744347353	1

由表 4.23 相关系数矩阵可以看出，各解释变量之间的相关系数较高，证明确实存在严重多重共线性。

由于各解释变量之间存在严重多重共线性，所以采用逐步回归的办法，去检验和解决多重共线性问题。分别做 Y 对 X_1、X_2、X_3、X_4、X_5的一元回归，结果如表 4.24 所示。

表 4.24　一元回归结果

变量	X_1	X_2	X_3	X_4	X_5
参数估计值	96.22447	-4.359135	-0.096114	2.885951	0.114306
t 统计量	5.837940	-2.484287	-1.840665	3.658525	7.922010
R^2	0.723883	0.321917	0.206739	0.507292	0.828401
$\bar{R}^2$	0.702644	0.269756	0.145719	0.469392	0.815202

其中，加入 X_5 的方程 R^2 最大，以 X_5为基础，顺次加入其他变量逐步回归，结果如表 4.25 所示。

表 4.25　加入新变量的回归结果(一)

变量＼变量	X_1	X_2	X_3	X_4	X_5	$\bar{R}^2$
X_5,X_1	14.89678 (0.460996)				0.099255 (2.766042)	0.803286
X_5,X_2		3.779088 (3.367199)			0.164317 (8.956664)	0.897062
X_5,X_3			0.051550 (1.725056)		0.134311 (7.565040)	0.839583
X_5,X_4				-1.704226 (-1.870609)	0.160987 (5.701098)	0.845000

经比较，新加入 X_2的方程 $\bar{R}^2=0.897062$，改进最大，而且各参数的 t 检验显著，所以选择保留 X_2，再加入其他新变量逐步回归，结果如表 4.26 所示。

表 4.26 加入新变量的回归结果(二)

变量 \ 变量	X_1	X_2	X_3	X_4	X_5	$\bar{R}^2$
X_5, X_2, X_1	79.15366 (4.893047)	5.800417 (7.468180)			0.111093 (7.263748)	0.964648
X_5, X_2, X_3		3.818921 (2.478842)	−0.001309 (−0.39842)		0.164337 (8.574289)	0.887720
X_5, X_2, X_4		5.123064 (2.563423)		1.081595 (0.818101)	0.152477 (6.468899)	0.894144

经比较,新加入 X_1 的方程 $R^2=0.964648$,改进最大,所以选择保留 X_1、X_2、X_5,再加入其他新变量逐步回归,结果如表 4.27 所示。

表 4.27 加入新变量的回归结果(三)

变量 \ 变量	X_1	X_2	X_3	X_4	X_5	R^2
X_1, X_2, X_3, X_5	80.25944 (4.757914)	5.521267 (5.731599)	0.010103 (0.525464)		0.110202 (6.924752)	0.962158
X_1, X_2, X_4, X_5	92.45843 (5.078658)	4.646902 (4.179322)		−1.201747 (−1.397656)	0.115302 (7.698386)	0.967468

在 X_1、X_2、X_5基础上加入 X_3、X_4后,R^2 都没有改进,而且 X_4参数为负值,与实际不相符。这说明 X_3、X_4引起严重多重共线性,应予以剔除。

③ 异方差检验及修正。

进一步对方程进行异方差检验。White 检验是通过建立辅助回归模型的方式来判断异方差性。直接利用 EViews 3.1 进行该检验,结果如表 4.28 所示。

表 4.28 White 检验结果

White Heteroskedasticity Test:

F-statistic	1.431148	Probability	0.311193
Obs * *R*-squared	7.765369	Probability	0.255802

Test Equation:

Dependent Variable: RESID^2

Method: Least Squares

Date: 12/02/11 Time: 17:01

Sample: 1996 2010

Included observations: 15

（续表）

Variable	Coefficient	Std. Error	t-Statistic	Prob.
C	$-1.89E+09$	$4.80E+09$	-0.393585	0.7042
X_1	-244453.8	157231.6	-1.554737	0.1586
X_1^2	477.0874	256.6391	1.858982	0.1001
X_2	140541.5	111895.6	1.256006	0.2446
X_2^2	-1.804265	1.420851	-1.269848	0.2398
X_5	-363.7248	2730.585	-0.133204	0.8973
X_5^2	3.77E-05	0.000385	0.097795	0.9245
R-squared	0.517691	Mean dependent var		6115820.
Adjusted R-squared	0.155960	S.D. dependent var		7287031.
S.E. of regression	6694716.	Akaike info criterion		34.57626
Sum squared resid	3.59E+14	Schwarz criterion		34.90668
Log likelihood	-252.3220	F-statistic		1.431148
Durbin-Watson stat	3.159069	Prob(F-statistic)		0.311193

从表4.28中可以看出，$nR^2=7.765369$。由White检验可知，在$\alpha=0.05$下，查χ^2分布表，得临界值$\chi^2 0.05(6)=12.0170$。比较计算χ^2统计量与临界值，因为$nR^2=7.765369<\chi^2 0.05(6)=12.0170$，所以模型不存在异方差，无需修正。

④ 自相关检验与修正。

表4.29 修正后OLS回归结果

Dependent Variable: Y
Method: Least Squares
Date: 12/02/11 Time: 17:05
Sample: 1996 2010
Included observations: 15

Variable	Coefficient	Std. Error	t-Statistic	Prob.
C	-608990.5	63165.27	-9.641223	0.0000
X_1	79.15366	16.17676	4.893047	0.0005
X_2	5.800417	0.776684	7.468180	0.0000
X_5	0.111093	0.015294	7.263748	0.0000

（续表）

R-squared	0.972224	Mean dependent var	37097.19
Adjusted R-squared	0.964648	S. D. dependent var	15359.27
S. E. of regression	2887.863	Akaike info criterion	18.99760
Sum squared resid	91737298	Schwarz criterion	19.18641
Log likelihood	-138.4820	F-statistic	128.3397
Durbin-Watson stat	3.008649	Prob(F-statistic)	0.000000

根据DW检验决策规则，$d_u < DW < 4 - d_u$时，误差项间无自相关。通过查德宾—沃森d统计量表可知，通过观察表DW的$d_u = 1.750$，所以$1.750 < DW < 2.463$。通过观察表4.29可知，DW = 3.008649，所以模型存在自相关，需用迭代法对模型进行修正。

表4.30　迭代法修正

Dependent Variable: Y
Method: Least Squares
Date: 12/02/11　Time: 17:06
Sample(adjusted): 1997 2010
Included observations: 14 after adjusting endpoints
Convergence achieved after 5 iterations

Variable	Coefficient	Std. Error	t-Statistic	Prob.
C	-655327.7	32134.00	-20.39359	0.0000
X_1	83.93153	7.859493	10.67900	0.0000
X_2	6.373831	0.388853	16.39137	0.0000
X_5	0.117319	0.007634	15.36722	0.0000
AR(1)	-0.685557	0.206175	-3.325129	0.0089

R-squared	0.988217	Mean dependent var	38150.29
Adjusted R-squared	0.982981	S. D. dependent var	15366.81
S. E. of regression	2004.729	Akaike info criterion	18.31686
Sum squared resid	36170432	Schwarz criterion	18.54509
Log likelihood	-123.2180	F-statistic	188.7087
Durbin-Watson stat	2.221513	Prob(F-statistic)	0.000000
Inverted AR Roots	-0.69		

经过调整后的样本共包含14个观测值，迭代5次后收敛。与表4.29相比，DW统计量已经降低到2.221513，位于$1.750 < DW <$

2.250 的区间。至此，自相关修正结束。

此外，模型的判定系数 $R^2=0.988217$，调整后的判定系数 $\bar{R}^2=0.982981$，说明模型的拟合优度较好；F 检验和 t 检验均通过，说明模型对总体的近似程度较高并且各解释变量对被解释变量的影响显著。

二、模型最终确立及分析经济意义

经过前面对于政府对农村基础设施投资在农村经济发展、农民生活水平和农业经济效益三个领域的相关性分析，我们可以得到如下三个最终方程模型：

$$Y_1=-384245.4+46.40262X_1+3.723187X_2+0.069242X_5$$
$$t=(-19.30566)(9.558117)(15.47918)(14.66041)$$
$$R^2=0.986257,\quad \bar{R}^2=0.980149,$$
$$F=161.4698,\quad DW=2.231389$$

$$Y_2=-57397.10+6.656176X_1+0.559842X_2+0.010305X_5$$
$$t=(-26.20010)(14.31678)(24.32478)(20.01571)$$
$$R^2=0.989715,\quad \bar{R}^2=0.977374,$$
$$F=80.19463,\quad DW=2.245538$$

$$Y_3=-655327.7+83.93153X_1+6.373831X_2+0.117319X_5$$
$$t=(-20.39359)(10.67900)(16.39137)(15.36722)$$
$$R^2=0.988217,\quad \bar{R}^2=0.982981,$$
$$F=188.7087,\quad DW=2.221513$$

由前面所述，Y_1代表第一产业国内生产总值，Y_2代表农村居民家庭人均纯收入，Y_3代表农林牧渔业生产总值，X_1代表农村水电建设年度投资额，X_2代表乡镇文化站数目，X_3代表村卫生室数目，X_4代表农村固定电话用户数，X_5代表邮政农村投递路线。因此，根据最终方程可以得知，第一产业国内生产总值、农村居民家庭人均纯收入、农林牧渔业生产总值与农村水电建设年度投资额、乡镇文化站数目和邮政农村投递路线存在函数关系。即农村水电建设投资每增加 1 亿元，第一产业国内生产总值增加 46.40262 亿元；乡镇文化站数目每增加 1 所，第一产业国内生产总值增加 3.723187 亿元；邮政农村投递路线每增加 1 公里，第一产业国内生产总值增加 0.069242 亿元；农村水电建设投资每增加1亿元，农村居民家庭人均纯收入增加6.656176元；乡镇文化站数目每增加1所，农村居民家庭人均纯收入增加0.559842元；邮政农村投递路线每增加1公里，农村居民家庭人均纯收入增加0.01305元；农村水电建设投资每增加1亿元，农林牧渔业生产总值增加83.93153亿元；乡镇文化站数目每增加1所，农林牧渔业生产总值增加6.373831亿元；邮政农村投递路线每增加1公里，农林牧渔业生产总值增加0.117319亿元。

从数据中我们看出，政府对于农村水电建设投资的收益非常高，对农村水电建设投资每增加1亿元，就可以使第一产业国内生产总值增加46.40262亿元，使农村家庭人均纯收入增加6.656176元，使农林牧渔业生产总值增加6.373831亿元。但是，农村水电建设投资只是政府对农村基础设施投资的一个方面，政府对农村基础设施的投资还包括文化、医疗、通讯、邮电等方面。就从课题选取的其他指标来看，政府在其他方面对于农村基础设施投资的效益与水电建设投资的收益差距非常明显。

在模型分析中，村卫生室和农村固定电话用户作为农村医疗和通信基础设施的重要方面，这两项基础设施投资与第一产业国内生产总值、农村居民家庭人均纯收入以及农林牧渔业生产总值不存在相关性，说明政府对这两方面的投资与农村、农民和农业的经济收益并无直接数量相关性。另外，乡镇文化站作为农村文化基础设施投资的主要方向，投资效益也不高。乡镇文化站数目每增加1所，第一产业国内生产总值增加3.723187亿元，农村居民家庭人均纯收入增加0.559842元，农林牧渔业生产总值也增加6.373831亿元。与农村水电建设投资收益的差距非常明显。特别是作为邮电基础设施的重要组成部分，邮政农村投递路线的投资收益非常低，邮政农村投递路线每增加1公里，第一产业国内生产总值仅增加0.069242亿元，农村居民家庭人均纯收入仅增加0.01305元，农林牧渔业生产总值也仅增加0.117319亿元。

综上所述，政府对于农村基础设施的投资，在水利基础设施方面的投资经济效益非常高，但是在其他方面的投资经济收益并不高，甚至不显著，或者说政府对某些方面的基础设施投资并未获得应有的经济效益。从整体来看,政府对于农村基础设施投资的增加,并未带来像水利基础设施投资一样的较高收益,政府整体投资效益不高,政府财政职能并未发挥应有的作用。

第二节　实证方法:以内蒙古为例

实证方法是指揭示现象之间现实的、有用的、可靠的、确切的、肯定的联系,通过具体地描述各类现象,再经过归纳,上升到规律和一般性结论的方法体系。前文中主要采用模型方法对政府投资农业基础设施的经济效益进行了数量分析,得出政府对于农村基础设施投资经济效益不高的结论。

政府投资效益不同于私人部门投资效益,私人部门投资更多看重的是直接经济效益,对于社会效益有所忽视。而政府投资的农村基础设施是公共产品,农村公共产品的效益具有一定的正外部性,对社会发展具有间接贡献。比如,教育基础设施建设投资的增加,可以不断提高农村教育水平,从而全面提升我国劳动力的素质,为农村经济的持续稳定发展提供人才保障。因此,对于政府农村基础设施投资效益的分析,不仅要关注其产生的相关经济效益,而且要关注其带来的社会效益。经济效益可以通过代表性指标和数据实现间接的阐释,但是社会效益,特别是农村社会效益具有长期性、间接性等特点,难以进行量化。为了对政府农村基础设施的投资效益进行实证分析,课题采用调研的方式,实地走访了广大农村牧区,取得了第一手的资料。本章以内蒙古为例来分析政府投资农村基础设施的社会效益,分别从围栏建设、乡镇(苏木)卫生院、教育和交通基础设施来对其社会效益进行分析。

一、围栏建设

围栏建设是落实国家禁牧封育重大政策的主要措施之一。通过围栏建设可以将散养的草原放牧方式逐步转变成集中放养的集约放牧方式,不仅有利于对草原植被的保护和提升草原生态环境,而且有利于牧业生产方式的转变,对于实现牧区经济的长久发展具有重大的社会和经济效益。内蒙古自治区作为我国牧业生产的主要地区，生态环境相对脆弱，近些年沙化面积不断扩大，草原植被保护问题已经成为牧区经济社会发展的重大问题，它直接关系到内蒙古乃至内蒙古周边地区的自然环境状况。为此，中央和地方政府高度重视围栏建设，采用补贴方式，全额对牧区围栏建设进行投资。2011 年 9 月份之前，牧民围栏建设资金采取中央为主、地方配套的财政补贴方式，即中央投资补助占 70%，地方配套占 30%。通过全额投资补助方式，鼓励和支持牧民进行围栏建设，发展集中放牧。2011 年 9 月份后，中央再次做出决定，将中央投资补助由 70% 上升至 80%，地方政府承担剩余 20% 的配套投资，并且取消县及县级以下资金配套。[①] 由此可见，中央政府充分考虑到牧区地方政府实际的财政实力，加大了对围栏建设的补助，为地方政府减轻了负担，优化了地方财政的支出结构。

与此同时，围栏建设投资过程中出现的投资效益问题依旧值得警惕。中央和地方政府通过投资方式支持牧民建设围栏，实现集中集约放养，但是，重复投资的现象非常突出，在一些地区甚至出现两三层围栏的状况。政府只管财政投资支持，却没有从牧民的实际需要出发，盲目地进行重复投资，在同样社会收益的情况下，造成了大量投资资金的浪费，使得围栏建设的效益大打折扣。据牧民反映，围栏平均使用寿命 15—20 年，一次性投资足够满足牧民围栏建设的需要，但地方政府强行进行围栏建设，在原有围栏尚未破损的情况下，又增设新围栏，大量补助资金被浪费。而对于牧民更迫切的饮水基础设施、道路基础设施等却没有给予充足的投资。在内蒙古地区，围栏建设投资作为政府投资农村（牧区）基础设施的重要方面，仅在 2003—2007 年间就投入 143 亿元用来支持围栏建设，但实际情况是大量相关资金被浪费使用，围栏建设投资效益较低。

二、乡镇（苏木）卫生院

乡镇（苏木）卫生院是政府对农村医疗和卫生基础设施投资的主

---

① 国家发展和改革委员会，农业部，财政部. 关于完善退牧还草政策的意见. 2011-08-22.（发改西部[2011]1856 号）。

要表现形式，直接关系到农牧民的看病就医和疾病预防，是惠及广大农牧民的重大民生措施。政府对卫生室的投资具有较高的外部效应，对农牧民生活质量的提高具有显著影响。2010 年内蒙古自治区共有乡镇卫生院 1340 所，而同期共有 642 个乡镇(苏木)。政府对于内蒙古乡镇(苏木)卫生院的投资已经基本实现全覆盖，而且现在每个乡镇(苏木)平均拥有 2 个卫生院，在数量上已经达到全国平均水平。①

调研发现，中央政府和地方政府高度重视农村医疗和卫生环境的提升，投入大量资金帮助乡镇(苏木)卫生院提升基础设施建设水平和设备水平，基本的医疗器材大部分卫生院都已经具备，有些医疗设施的先进程度甚至要高于隶属旗(县)。由此可见各级政府对于内蒙古农村医疗和卫生基础设施的投资已经达到预期的目标，实现了数量和质量的投资预期。但是，乡镇(苏木)医院普遍存在的问题是配套基础设施缺失和技术人员匮乏。有些地方拥有先进的检查设备，却没有配套的化验设备；拥有整洁、明亮的房屋基础设施，却没有相应配套的消毒基础设施。配套基础设施的投资一直困扰乡镇(苏木)卫生院。更为严重的是，政府在投入大量资金为卫生院添加医疗基础设施之后，由于缺乏专业技术人员，一些投资巨大、功能先进的设备长期处于荒废状态。据农牧民反映，乡镇(苏木)卫生院的基础设施与过去相比，得到了极大改善，但是对于急性病和疑难杂症的防治仍然处于原来的技术水平，农牧民从政府大规模医疗和卫生基础设施投资中并没有感受到明显的医疗技术和防疫水平提高，看病还是以旗(县)医院为主。由此可见，政府利用财政转移支付手段加大了对农村医疗和卫生基础设施的投资，但带给农牧民的社会收益并没有明显提高，大规模的资金投入却没有取得应有的社会效益。

三、教育基础设施

教育是立国之本，只有不断发展教育事业，才能从根本上提高农牧民的科学文化素质，改变农村贫穷落后的现实状况，实现农业

① 数据来源：《2011 年内蒙古统计年鉴》。

的现代化发展方向。教育基础设施是农村教育事业顺利开展的保证，具有极高的公益性质，非排他性和非竞争性特征明显，需要政府的财政支持，以实现教育基础设施的改善和提升。2010 年内蒙古教育财政支出共计 322.1072 亿元，相比于 2009 年的 243.48 亿元，增幅高达 32.29%，在全国范围内属于教育投资增幅较大的地区。特别是在“十一五”期间，内蒙古自治区政府把农村教育基础设施投资作为教育财政支出的重要方面，投入大量资金开展教育基础设施建设，尤其少数民族区域的中学和小学校舍装修和翻新是主要投资方向。

通过调研发现，投资方向偏颇是现阶段教育基础设施投资存在的主要问题。政府现阶段把投资的主要方向集中于中小学建设，对于幼儿教育投资匮乏。农村牧区不同于城市，幼儿教育发展相对滞后，起步较晚，需要政府财政的扶持。而且，据调研发现，农村牧区幼儿园主要还是以公益性为主，自身营利能力较差，教师经费开支和校舍建设主要依靠政府拨款和补助，但是政府的教育基础设施投资主要集中于中小学校舍建设，幼儿教育基础设施严重不足，影响到正常幼儿教育活动的展开。另一方面，随着城市化进程的加快，内蒙古农村牧区人口不断减少（内蒙古农村人口从 2000 年的 1361.66 万人降至 2010 年的 1098.6 万人），农村学龄儿童和少年也在锐减，农村牧区家庭子女读书更倾向于旗（县）教育，乡镇教育逐渐衰败，教室空置现象非常普遍。这一方面与生源有关，另一方面是政府投资未考虑到实际在校和未来就读人数，盲目投资所导致，基础设施供给大于需求，资源的浪费愈显突出。政府投入大量的资金支持教育基础设施建设，却带来空置浪费的现象，投资的金额并没有从根本上提升农村牧区教育质量，农牧民家庭依然更倾向于城市教育，在投资幅度不断加大的情况下，教育社会收益却不断减少，教育基础设施投资的低收益是政府基础设施投资的现实问题。

四、道路基础设施

道路是农牧民致富的关键，有百姓的顺口溜说过，“要致富，先修路”。由此可见，道路基础设施建设对于农村经济发展的重要意义。

经过长期的实践检验，道路基础设施建设的重要作用不言而喻，道路基础设施建设对于农村经济发展和农民生活水平提高也是至关重要的。公路是农村交通道路基础设施的主要组成部分，农牧民的日常生产生活与公路密切相关。内蒙古自治区 2010 年公路线路总里程共计 157994 公里，比 2006 年增长 18.5%。内蒙古自治区作为一个农村和牧区面积广大的地区，公路线路 80% 以上集中于农村和牧区。而且根据内蒙古"十二五"规划中"农村基础设施建设得到加强，综合运输体系初步形成"的报告内容，内蒙古农村道路基础设施建设将快速发展，运输能力和公路质量显著提高。实际调研也发现，内蒙古公路建设发展迅速，道路质量较高。但实际通车过程中存在的利用率低、养护费用大等问题是各级公路的普遍性难题。

内蒙古农村和牧区人口分布零散，面积广大，为了实现"村村通"等一系列民生工程，政府投入大量资金支持公路基础设施建设。但是，一些项目投入不切实际，道路在验收合格后使用率非常低，部分公路全天大部分时间空无一人或一车。这是我们在调研过程中的直观感受。而一些交通较为繁忙的路段，堵车现象非常普遍，极大地降低了农牧民出行和交通运输的效率。也就是说，空旷的地区投入大量资金进行道路基础设施建设，而道路需求量大的地区却难以得到政府投资。这种道路基础设施投资的"怪异"现象在内蒙古较为普遍。

政府道路基础设施投资侧重于"未通路"地区，而非"急需路"地区。政府对"未通路"地区投入大规模的资金实现了较高质量和高规格的公路畅通，而这些地区往往不需要与其他地区一样高质量和要求的公路即可达到基础设施服务的目的，大量资金和资源被浪费，而且这些地区并没有收到与投资相匹配的社会效益。而在一些公路基础设施建设缺口大的地区，政府对公路基础设施投资较少，加上对公路要求较高，造成供不应求的现状，生产和生活效率在这种供需失衡状态下受到损失，社会效益也随着交通的拥挤而逐渐降低。

第三节　政府对农村基础设施投资效益低下的原因分析

以下我们从政策、制度和人为因素三个方面来分析政府投资农村基础设施效益低下的原因。

一、政策因素

1. 政府财政支持不足

农村基础设施具有较强的正外部效应，大多数农村基础设施属于纯公共产品。根据公共产品基本理论，这类产品应该主要由政府负责提供，利用财政收入进行投资建设。长期经济发展的“二元”经济结构，导致农村基础设施发展水平严重滞后于城市相应建设水平，这就更需要政府通过财政职能弥补这一差距，实现城乡统筹发展。

2006 年中央财政用于“三农”的支出为 3394 亿元，占财政总支出的比重为 8.39%；2010 年中央财政用于“三农”方面的支出共计 8183.4 亿元，占财政总支出的比重为 9.1%。从总量上来看，中央财政用于“三农”方面的支出五年间增幅高达 141.11%，但是其占财政总支出的比重仅从 8.39% 增长到 9.1%，增长缓慢；涉及 8 亿农民的财政支出不到总支出的 10%。2006 年农村社会固定资产投资 16629.5 亿，2010 年农村社会固定资产投资 36691 亿元，增幅高达 120.63%，但是农村社会固定资产投资占全社会固定资产投资的比例由 2006 年的 15.11% 下降至 2010 年的 13.19%。①

基础设施建设最重要的问题是资金的问题，农民现阶段还属于弱势群体，收入水平低，无法筹集到足够的资金组织基础设施建设，这就需要中央政府和地方政府发挥财政的资源配置职能，支持农村基础设施建设。但政府投资的增长缓慢与农民对基础设施需求的快速增长相比，缺口明显，基础设施投资无法满足农民生产生活的需要。没有充足的资金保证农村基础设施建设，就难以为农村带来应

---

① 数据来源：《2011 年中国统计年鉴》。

有的经济效益和社会效益，中央政府财政支持的不足是造成农村基础设施投资效益低下的首要原因。

2. 政府投资领域部分缺位

根据基础设施在农村生产生活中的用途不同，可以将农村基础设施分为生产性基础设施、生活性基础设施和生产生活共用基础设施。农村生产性基础设施是农村居民从事农业生产和其他相关劳动必不可少的条件，农村生活性基础设施是农村居民正常生活质量的保证和娱乐的必要条件，生产和生活性共用基础设施则影响到农村（牧区）居民生产和生活的方方面面。水利基础设施、农业科研和技术服务推广机构等是生产性基础设施的主要构成，乡镇卫生院、文化站等是生活性基础设施的主要组成，生产和生活共用基础设施则包括道路、邮政通讯等。从现阶段政府对农村基础设施的投资来看，政府投资偏重于生产性基础设施，对生活性基础设施与生产和生活共用基础设施投资有所缺位。

生产性基础设施投资可以在短期内带动农村经济的发展，从前一部分模型分析中也可以看出，生产性基础设施，特别是水利基础设施投资与农村经济、农民收入和农业发展具有密切关系，这方面的少量投资可以带来农村、农民和农业的巨大经济收益。我们并不否认以水利基础设施为代表的生产性基础设施投资的重要意义，但是“三农”问题的解决是一个系统问题，经济效益只是其中重要的一个方面，农民整体社会收益的提高也具有重要的意义。而且对于某些生活性基础设施投资领域也存在部分缺位，如注重对于义务教育阶段的投资，而不考虑农村实际情况，对学前教育有所忽视。这也是政府提供农村公共服务的缺位。

政府是农村公共产品提供的主要主体，提供全方位的公共产品是政府的职能，但由于政策导向的原因，政府投资农村基础设施存在部分缺位。这属于政府自身原因，也是完全可以避免的因素。对于农村基础设施的投资，必须从整体上进行把握，高质量和多领域地投资基础设施建设才能不断提高农村基础设施的社会效益，弥补经济效益的单一收益作用。

3. 多元投融资激励不足

公共产品的多元主体投资方式得到政府和学者的一致认可，投资主体的多元性不仅可以弥补政府资金的不足，使政府集中财政支出投资于多领域，提高政府投资的经济效益和社会效益，而且可以为民间资本创造投资平台，为现阶段游资盲目投资提供良好归宿，是一种一举多赢的投资方式。但是，农村基础设施作为公共产品的一类，具有投资大、收益少、见效慢的特点，从严格意义上来讲，偏重于纯公共产品的性质。追逐利润是民间资本的投资动机，如果没有回报就难以吸引民间资本进入这一领域。

我国现在农村基础设施投资效益低与多元主体投资缺失有直接关系，政府的公益性目的不足以刺激其追求投资收益的最大化。而民间资本的私人营利动机就会督促其从效率入手，实现最小成本条件下的最大收益。而通过调研发现，各个地区农村基础设施投资主体非常单一，还是政府在发挥主导作用。而与农村基础设施相对应的城市基础设施建设已经在逐步推广多元主体投资方式，农村与城市公共产品供给投资方式差距明显。最重要的是，农村缺乏激励措施来吸引民间资本投资基础设施建设。城市基础设施建设可以通过补贴、税收减免等措施来吸引民间资本进入，农村基础设施也可以通过类似方式吸纳广泛的民间资本进入这一领域。

非营利组织在国外农村基础设施建设中发挥作用明显，特别是在教育、医疗等基础设施建设中都可以看到他们的身影。我国目前非营利组织发展迅速，对于农村基础设施，特别是生活性基础设施捐赠逐年增长，这股力量的兴起不可忽视。但他们困于资金的缺乏和组织水平低等原因，捐赠规模有限，对于农村基础设施更多的是提供配套服务，而非直接投资。政府作为现代社会的调控主体，要通过政策的引导给予非营利组织政策支持，鼓励他们以捐赠的方式投资农村基础设施建设。

4. 政策主观随意性强

在我国现行政治体制的制约下，地方政府官员的“三拍”（拍脑袋、拍胸脯、拍屁股）决策方式还普遍存在，对农村基础设施的投资并未经过实际调研和听取群众、专家意见就盲目决策，这是造成农村基础设施投资效益低下的重要原因。“三拍”决策方式造成农村基础设施投资政策的主观随意性较强，投资方向、金额和领域全由领导决策,并不考虑实际经济和社会效益,造成资金的大量浪费。在调研中我们发现,一些地区存在烂尾工程和"半拉子"工程。这并非由政府投资资金不足造成,而是政府投资政策改变,将在建的基础设施抛弃,进而引致投资效益的低下。

现代社会的发展对政府决策的要求也在逐渐提高,科学性和严谨性是其重要方面。政府投资所使用的资金是纳税人的税金,每项活动都应该对纳税人负责,每项政策的调整和变动都应该经过严密的调查研究和分析做出。而我国政策主观随意性强的政府低效现象,造成大量资金的浪费,导致有些地区农村基础设施建设投资效益低下。特别对于农村而言,其对生产性基础设施依赖性大,基础设施直接关系到生产的正常开展,政府的政策变动会直接影响到农民的生产活动,给农民带去不必要的损失,不仅社会收益难以实现,更会直接影响基础设施的经济收益。

5. 政府投资决策方式存在缺陷

政府在进行农村基础设施投资的时候,有两种投资决策方式可以选择,一种是自上而下的投资决策方式,另一种是自下而上的投资决策方式。自上而下的投资决策方式,主要是由政府根据社会和经济规划要求出发,制定基础设施投资的数量、规模和方向,并以此为依据通过自上而下的政府政策执行层级逐步实施。这种决策方式可以从宏观视角出发,考虑到农村经济和社会发展的长远规划,进而进行相关投资。但是这样就很难反映农村居民的实际需求,导致部分投资存在浪费和闲置现象,影响政府投资的整体效率。自下而上的投资决策方式是政府根据农村居民的需要制定基础设施投资的项目、内容和数量。这种决策方式的目标是为满足社会生产和居民生活的消费需求,实现社会福利最大化。相对于自上而下的决策方式,这种方式更能集中农村居民的利益偏好,以农村居民需要为目标实现基础设施供给。

我国现行基础设施投资决策方式是自上而下的决策方式。中央政府可以通过这种决策方式来对我国农村基础设施投资进行宏观把握,缩小地区之间基础设施差异,但广大农民的实际需要有时不能成为政府决策的主要依据,就容易产生盲目投资的现象,将大量资金投入到并非实际需要的领域，比如公路就是典型的例子，“未通路”地区的投资额大于“急需路”地区的投资额，这是投资效益低下的表现，不仅不能实现应有的社会效益，还造成部分地区的供给缺失。未来我国的投资决策方式，要将自上而下的决策方式与自下而上的投资决策方式相结合，在听取农村居民意见和需要的基础上作出整体性决策，将国家宏观目标与农民需要相结合，再通过自上而下的决策执行路径进行政府投资。当然，对于农民的实际需要也要分类把握，对于与农民实际利益相关的基础设施，如教育、医疗等适合采用这种决策方式，而关系到国家全局的水利等基础设施建设还主要服从国家宏观目标。

二、制度因素

1. 农民偏好表达机制存在缺陷

偏好表达是反映农民对农村基础设施投资需要的重要路径，只有良好的偏好表达机制，政府才能聆听到农民的真正需要，从农民实际生产生活需要出发投资农村基础设施建设。“一事一议”制度是农民重要的偏好表达制度，政府可以通过农民小范围内的决策讨论来间接了解农民的实际需要。简要地说，“一事一议”制度就是在农村税费改革之后，村级范围内的每件公益建设事业（包括乡村道路、农田水利设施建设等）的筹资、筹劳必须通过农民民主决策的方式进行。[①] 这种制度在农村范围内的确立，给予农民极大的民主决策权力决定公益建设事业的筹资建设，可以有效地防止农村基础设施建设的盲目投资、效益低下现象的产生。各级政府在投资决策过程中，也可以通过听取“一事一议”的讨论意见，作为农民的偏好表达结果进行决策，与农民的直接偏好表达相结合，做出更科学合理的投资决策。

现在“一事一议”制度还处于起步发展阶段，还存在诸多缺陷。比如农村利益集团的存在、讨论的高成本、中间投票者偏好等都是“一事一议”制度有待改进的地方。以农村利益集团为例，农村存在

---

① 李汉文，王征，邓威. 对“一事一议”制度的几点反思[J]. 云南民族大学学报，2004(5).

的宗族势力容易成为农村的利益集团,他们在村内人数占优的情况下,利用选票的方式就可以左右投票结果,农民的利益表达无法真实体现,基础设施需要的偏好被隐瞒。这种偏好表达的偏失就会造成政府决策的误导,进而导致政府投资农村基础设施效率的低下。另外,"一事一议"制度需要农村居民有极大的政治热情和闲暇时间去参与,对于农民来说,就需要牺牲生产的时间去参与讨论,特别是外出打工和流动性较强的农民,时间成本巨大。调研发现,很多"一事一议"开始变为"多事一议",基础设施需要的相互独立性开始减低,利益表达呈现系统性和综合性的趋势。政府通过这种利益表达,再加上沟通的种种障碍,极易将农民的利益偏好混淆,作出非科学决策,资源可能就被浪费,投资效益也随着决策的变动逐渐降低。

2. 监督制度失灵

监督是保证农村基础设施投资效益的必然要求,没有全面而系统的监督,就无法对农村基础设施投资主体——政府的行为进行有效控制。现阶段,我国农村基础设施投资还是以政府投资为主,监督的对象也主要集中于政府。根据公共选择基本理论,政府具有一定的自利性,监督的开展和实施相对于其他公共部门来说较为困难。而且,在我国政府的强势地位和垄断的公共产品供给机制下,政府接受监督的倾向并不强烈,这就导致一些现实的监督制度无法有效实施,造成监督制度的失灵。地方政府透明度和民主化程度也存在一定差异,如果某些地方推行"强权式"投资运行方式,社会更缺乏手段对投资运转进行有效监督。监督的缺失就会导致政府的低效率,特别是农村基础设施这类透明度相对较低的领域,政府的低效率进而会导致农村基础设施投资收益的低效。

审计监督是一种专业的监督手段,是行政管理活动重要的监督方式。通过专业的审计机构可以实现对政府投资农村基础设施建设的科学监督。特别是农村基础设施运营的量化会计活动,更需要审计监督的有效制约。农村基础设施投资量大,涉及政府层级多,投资时间长,一些环节的疏忽就可能造成政府官员的寻租问题,甚至一些官员以农村基础设施建设为手段进行"设租",通过农村基础设施谋求不法利益。审计监督的全方位实施可以对这些行为防微杜渐,从制度上将监督行为变得更具有系统性。近些年中央政府投入大量资金支持农村基础设施建设,而且主要通过转移支付的手段。对于部分非“专款专用”的资金,地方政府时有挪用和转用资金使用方向的行为,将更多的资金投入到见效快和政绩表现力强的项目中,而非农村基础设施建设。这个过程中一些同级监督和上下级监督就可能流于形式,审计监督也缺乏实际效力。这客观上纵容了投资低收益现象,使一些问题无法及时纠偏。

3. 评估机制缺失

项目评估是指依据一定的目标或者标准,采用一定的标准或指标,对某个项目进行考核和评价的管理活动。它是现代管理的重要组成部分,项目评估分为事前评估、事中评估和事后评估三个组成部分。事前评估就是依据所要实现的目标,对项目的可行性和可操作性进行综合评价,是决策的重要组成部分。事中评估是在项目开展过程中,根据一定的标准和指标,按照项目所产生的效益对整个活动进行评价。中期考核是事中评估的典型方式。事中评估可以作为项目变更和终止的依据,进行决策修正。事后评估也可以称为绩效评估,它是根据项目实施所产生的经济和社会效益,来对整个项目进行综合性评价。

我国农村基础设施投资重决策轻评估的现象非常严重,某些地区甚至评估机制流于形式,依附于决策。投资效益的高低需要评估才能做出结论,而且评估对于农村基础设施建设这样效益衡量难度系数高的投资行为更为重要。特别是绩效评估,在调研中发现,这是最为缺失的评估环节。一些地方政府在组织实施的投资项目建设完成后就认为大功告成了,对项目的效益不做出科学评价,忽视绩效评估的重要作用。在生活性基础设施建设方面,这种现象最为严重,校舍、卫生室投资建成后没有专门部门进行效益分析,来为下一阶段投资决策提供实证参考意见。这种缺失必然造成未来投资决策的偏失,进而形成下次投资的低效益问题。政府投资就是在这种恶性循环中效益不断降低,形成现在政府对农村基础设施建设投资的低效益问题。

三、人为因素

1. 管理效率低下

政府投资农村基础设施是一个综合性的管理过程,它不仅包括前期的投资,对于投资后的管理有时要比投资的作用更为重要。一项重大的基础设施能否发挥其应有的经济和社会效益,离不开科学有效的管理。管理已经成为重要的生产要素,对效率和效益的提高具有显著作用。农村基础设施投资规模大,涉及范围广,使用时间长,如果缺乏合理的管理,必然影响其效益的发挥。

在农村基础设施建设项目上,目前我国农村基础设施管理机构设置不合理,主要由地方政府承担。管理主体的单一和垄断,致使管理过程缺乏民主,缺乏有效监督,加上地方政府层级较多,条块分割,管理体制不到位等问题,管理效率较低。农村基础设施的建设者与受益者现阶段联系还不紧密,容易造成只有建设使用、无人管理的问题。例如农村水利基础设施投资建设方面,国家、集体和受益户三者的责任和义务没有明确规定,导致建设、管理、使用三个环节脱节,管理过程受到疏忽,经常出现"国家管理不到、集体管理不好、农户管理不了"的局面。农村基础设施在大规模的投资后,管理环节缺失,运营效益得不到重视,大量资源浪费,无形中损害了基础设施的使用年限,降低了基础设施的投资效益。

2. 腐败问题滋生

绝对的权力导致绝对的腐败。政府对农村基础设施投资的垄断,导致监督的缺失,决策者和执行者在缺乏约束的情况下容易利用手中的权力寻租,追求金钱等物质财富。特别是现在农村基础设施生产和提供愈加相分离的趋势下,企业通过招投标方式获取农村基础设施项目生产权利,主导生产环节。而政府通过财政资金购买私人部门生产,主要负责公共产品提供。生产和提供的分离,为腐败提供了机会和空间。生产环节是产生腐败问题的高发领域,不法生产企业为项目中标,采取种种方式对主管官员行贿,造成部分决策官员的腐化和堕落。在基础设施建设过程中,由于审计监督的缺失,部分项目的资金挪用和贪污现象也逐渐凸显。一些农村基础设施建设具体操作部门利用手中的职权，挪用公款和贪污公款，这些现象在实际调研过程中受采访农民也都部分提及。

腐败原来主要发生于城市基础设施建设领域，但最近几年农村基础设施建设领域的腐败问题也呈上升趋势。中央和地方政府投入大量的资金，而实际产出却一直未达到预期的效果，或者说经济和设施收益较低，一个重要的原因就是腐败。腐败不仅造成投资资金的损失，更为严重的是效率的无形降低。投资的目的是为取得预期收益，腐败的存在造成资金无形的损耗，严重制约着资金投入效益的提高。

3. 农民组织化程度低

农民组织化是未来农村、农业和农民的重要发展方向。组织化程度的提升，可以提高农业生产抗御市场风险的能力，也可以形成一股集体力量表达自我的利益诉求。从国外农村发展实践可以发现，合作社是组织化程度提升的重要载体，农民可以通过创办合作社不断提升组织化程度。不仅可以有生产合作社，也可以有基础设施建设合作社。农民通过共同的利益诉求，按照国家法律和政策要求，自愿组成基础设施建设合作社，共同筹资、风险共担，为区域内基础设施建设提供组织保障，有效分摊政府投资的负担。政府基础设施投资也可以以农民基础设施建设合作社为载体，政府负责资金支持，而农民合作社负责具体操作，做到资金和操作的分离，相互监督和协调。这样既能发挥政府资金的优势作用，弥补政府投资的低收益问题，也能充分发挥合作社的组织优势，使农民的实际诉求得到有效表达。

以内蒙古为例，截止到2010年底全区牧民专业合作社有1457个，比2009年增长了39.5%；成员总数4.6万人，比2009年增长了53.3%；带动非成员农牧户15.1万户，比2009年增长了395%。这些专业合作社主要分布在养殖业、种植业、服务业、生态牧业等领域。[①]课题组在实际调研中发现，现阶段农牧民的合作化发展水平还较低，

① 农业部. 关于农民专业合作组织发展情况的报告(2010年7月)[R]，未发布，调研资料.

数量和规模都不足，而且合作社主要集中于生产领域，涉及农村基础设施建设的合作社较少。农村基础设施建设合作社发展不完善，制约了农牧民的组织化程度，无法将农民组织化的优势有效发挥出来，也难以充分发挥其提高农村基础设施投资效益的作用。

小　结

中共中央在“十一五”规划中明确提出建设社会主义新农村，并将其作为我国现代化建设的一个重大历史任务。而加强农村基础设施建设是建设社会主义新农村的关键环节，新农村建设离不开基础设施水平的全面提高。在“十一五”和“十二五”建设期间，中央政府和地方政府分别出台一系列措施保证基础设施建设的开展，而且把农村基础设施建设作为解决“三农”问题的重要突破口，将国家基础设施建设的重点转向农村，为农村基础设施建设带来良好机遇。实际操作层面，各级政府也投入大量资金开展生产性基础设施建设、生活性基础设施建设和生产生活性共用基础设施建设，效果显著，农村基础设施建设的数量和质量都显著提高。但通过调研发现，现阶段我国政府对农村基础设施投资的效益还不高，特别是在生活性基础设施领域，巨大投资金额和规模却没有取得预期的经济和社会收益。这是困扰目前政府投资农村基础设施建设的主要问题。

效益是一个综合性的概念，它既包括投入，也包括收益。对于农村基础设施投资而言，它不仅包括农村基础设施投资的金额和规模，也包括农村基础设施投资为农村、农民和农业带来的经济收益和社会收益。在同等投资金额的条件下，经济收益不足，可以看做效益不高；社会收益不足，也可以看做效益不高。而在同样经济收益和社会收益的条件下，耗费过多的投资金额，也可以被视为效益不高。这样来说，农村基础设施投资效益是一个综合性的评判标准，它包括诸多方面，需要从多个角度进行衡量。在课题中，我们通过模拟的方法来衡量政府对农村基础设施投资的经济效益，通过实证的方法来衡量其社会效益，多角度和多方法地对政府投资行为进行量化和实证分析，以求全面客观地反映政府投资的真实情况。通过模型和实证方法可以得出一些结论,即现阶段政府投资农村基础设施的总体效益还不高,有待改善。只有发现问题,才能不断去解决问题;只有解决问题,才能促进我国社会各项事业的和谐发展。在政府加大对农村基础设施投资力度的背景下,只有对政府投资行为的效益进行分析,才能更好地发现不足,督促政府不断提高效益水平,为农村提供数量更多、质量更优的基础设施,进而全面推动农村的经济发展,解决长期困扰我国的"三农"问题。

政府投资农村基础设施的低效益是由多方面原因造成的,可以从政策、制度和人为因素三个角度进行分析。政府财政支持不足、政府投资领域部分缺位、多元投资激励不足、政策主观随意性强、政府决策方式存在问题等,都可以看做政策角度的原因。农民偏好表达机制存在缺陷、监督制度失灵、评估机制缺失,是从制度的角度对投资效益不高进行的分析。而管理效率低下、腐败问题滋生和农民组织化程度低则属于人为方面的原因。政府投资效益是一个综合性的问题,特别是农村基础设施投资领域,由于它涉及农村、农民和农业等诸多领域,这就更加剧了分析其效益高低的复杂性。课题选取政策、制度和人为因素三个角度,以求对诱导原因进行系统性和多角度性分析,从根本上剖析造成现阶段政府对农村基础设施投资效益低下的多层次原因。

政府投资农村基础设施的效益问题又是一个长期性问题,尤其在国家政策的支持力度不断加大的背景下,各级政府必将不断加大对农村基础设施投资的幅度和力度。效益问题也会在这个过程中不断放大,如果这一问题不能得到有效解决,必然会制约农村基础设施投资实际效果的实现。作为农村基础设施投资主体的政府,必须未雨绸缪,防微杜渐,及时对投资效益问题进行纠偏,从政策、制度和人为因素三个角度入手,出台相关政策、法律和措施,不断提升政府投资效益,以实现农村更好发展。

第五章　农村基础设施供给中的政府投资机制及其局限性

学术界目前的观点是政府在农村基础设施领域的投资机制不科学,投资决策缺乏民主性。因此,政府对农村基础设施投资如何进行,如何考虑农民的真实意愿,如何遵循科学民主的决策程序,需要进一步研究。

第一节　政府对农村基础设施的投资机制

农村基础设施是农村经济发展的先决条件,是建设社会主义新农村的重要内容和基础工程,是实现“生产发展、生活宽裕、乡村文明、村容整洁、管理民主”的一个基本保证。农村基础设施建设具有广泛的外部效应和乘数效应,对于促进农村经济社会发展和改善农民生活质量具有重要的作用。农村基础设施多属于公共产品和准公共产品范畴,所以政府对农村基础设施的供给负有重要职责。随着近些年国家宏观经济发展水平的提高,财政支持农业和农村的力度不断增强,对农村基础设施建设的投入不断增加。从目前来看,政府对农村基础设施的投资主要通过以下几个方面进行。

一、转移支付制度

政府对农村的转移支付主要是通过中央财政对地方政府财政进行转移支付的方式进行的。中央转移支付可以分为一般性转移支付、专项转移支付和税收返还三种类型。[①] 但在我国的转移支付中,税收返还只具有有限的财源保障功能。税收返还占转移支付总额的比重,由 1994 年的 75.4% 逐年下降,到 2008 年不足 20%,财源保障

---

① 徐博.关于分税制下税收返还问题的思考[J].财政研究,2010(4).

功能也逐步下降。2007年中央对地方的转移支付体系明确不含有税收返还,2008年中央财政支出决算表第一次将税收返还单独加以统计。所以,关于税收返还是否作为转移支付制度是不确切的,故下文没有将税收返还列入转移支付中讨论。农村基础设施转移支付投资是指中央财政和地方各级财政通过转移支付的方式获得农村基础设施建设资金。

1. 一般性转移支付

一般性转移支付是实现基本公共服务均等化的有效手段,其前身是1995年开始实行的过渡期转移支付,2002年所得税分享改革后改称为一般性转移支付。实施一般性转移支付的目的是缩小地区间财政差距,实现地区间公共服务的均等化。此类转移支付不规定具体用途,由接受拨款的政府自主安排使用。一般性转移支付的资金按照公平公正、循序渐进和适当照顾老少边穷地区的原则,主要参照各地标准财政收入和标准财政支出的差额及可用于转移支付资金的数量等客观要素,按照统一的公式计算。凡标准财政收入大于标准财政支出的地区,不纳入转移支付的范围。[①] 这一支付额在历史上长期处于较低水平,但随着我国财政的不断改革,这一支付额所占的比例也不断提高,到2010年中央此项支付额已经占到了中央转移支付的40%。

一般性转移支付资金由地方政府自主安排使用,这就决定了地方政府对农村基础设施的投入规模在一定程度上由地方政府对此方面的重视程度决定。另一方面,一般性转移支付在计算标准收入时采用全国标准收入,这一标准收入并没有把预算外收入纳入其中,而这一收入规模是相当大的。据估计,预算外收入约占财政收入的1/3,而且城市地区的预算外收入一般高于农村地区。如果整合预算外财政收入,农村基础设施领域得到的转移支付资金会更多,从而促进财政转移支付资金向农村地区转移,实现城乡间转移支付资金分配的合理化。

---

① 刘文静.中国城乡基本公共服务均等化研究[D].山东农业大学硕士学位论文,2008.

2. 专项转移支付

专项转移支付是指上级政府为实现特定宏观政策目标,以及对委托下级政府代理的一些事务进行补偿而设立的专项补助资金。资金接受者需按规定用途使用资金。目前,我国的专项转移支付几乎涵盖了所有的支出科目,占转移支付总额的比例也十分可观,但是资金分配方法的规范性较弱,资金使用较为分散。① 在2010年的中央财政转移支付中,这一比例虽然已经达到了44%,但是与一些发达国家相比仍有很大的差距。例如,美国的专项拨款占到拨款总额的87%左右。

专项转移支付具有促进基本公共服务均等化的作用,专项资金投入到落后地区和农村的基础设施建设中,可以较快地提高落后地区的公共服务水平,有效地促进当地社会经济的发展。但是我国专项转移支付在分配方面缺乏科学的依据和标准,专项资金并不能保证用到急缺的部门。在分配方面,农村往往缺乏发言权和竞争力,在争取资金方面处于劣势地位。事实证明,专项转移支付资金大部分流入了城市,而相对落后的农村地区得到的专项资金较少,在一定程度上造成了农村地区与城市基础设施建设上的差距拉大。在2010年中央专项转移支付的支出结构中,资金主要流向了社保、医疗、环保、农林水事务等方面,在有关农村基础设施建设方面的专项支出较少。2010年,城乡社区事务预算数为225.6亿元,决算数为152.52亿元,只完成预算的67.6%,其中城乡社区公共设施预算数为零,决算数为7.92亿元,主要是增加了基本建设支出。在农村危房改造补贴方面,中央的转移支付资金有所提高,2010年公共租赁住房和廉租房、农村危房改造补助增加了100亿元。②

二、专项财政补贴

所谓专项补贴是指政府为了特定目的而对特定对象进行的转移

---

① 刘文静.中国城乡基本公共服务均等化研究[D].山东农业大学硕士学位论文,2008.

② 财政部预算司.关于2010年中央对地方税收返还和转移支付预算的说明[OL].http://yss.mof.gov.cn/2010zhongyangyusuan/201003/t20100325_280096.html.

支付。政府对农村基础设施建设方面的专项补贴主要分为以下几个方面：

1. 为改善村民生产生活条件，对农村水、电、路、排污等基础设施建设补贴

在农村基础设施建设方面抓好水、电、路、排污建设是“十一五”时期四件事。“十一五”期间我国在这四个方面加大了对农村的专项补贴，并取得了巨大的成就，改善了农民的生产、生活条件。我国对农村水、电、路、排污等基础设施建设方面的专项补贴主要体现在以下几个方面。第一，加大了对农村饮水安全工程的支持力度，让农民喝上安全卫生的饮用水。重点解决饮用水高氟、高砷、苦咸、污染及微生物病害等严重影响身体健康的水质问题，以及局部地区的严重缺水问题，优先解决人口较少民族、水库移民、血吸虫病区和农村学校的饮水安全问题。第二，继续完善了农村电网，扩大了电网供电人口的覆盖率。重点是完善中西部地区的农村电网。在资源优势突出、但电网延伸供电不经济的地区，因地制宜开发建设小水电站（包括微水电）或小型太阳能光伏电站、风光互补电站，通过专项补贴鼓励推广应用小水电、太阳能光伏发电和风力发电等可再生能源技术，解决无电人口的用电问题。第三，加大了对农村道路“通达”“通畅”工程的支持力度，解决农民行路难问题。“十一五”期间，中央财政计划安排投资1000亿元用于农村公路建设，其中：西部地区主要安排县通乡油路改造，东中部地区主要安排乡通村油路改造。具体补贴建设办法是，中央财政资金对通村油路每公里补助10万元，通乡油路每公里补助40万元。在此基础上，通乡（镇）公路、乡（镇）际公路建设剩余资金由接受财政资金补助的市、县（市辖区、县级市）两级地方政府筹集；通村公路、村际公路由接受财政资金补助的市、县（市辖区、县级市）两级地方政府根据地方财力状况给予一定的补助，剩余资金由受益村集体自行筹集。[①] 第三，加大了对农村治污、排污设施的补贴。我国农村居民占我国人口的大多数，农村地区的治污、排污工作不容忽视。尤其是随着乡镇企业的异军突起，农村地区的污染对农

---

① 胡恒洋. 农村基础设施建设制度改革和重点[J]. 经济研究参考，2008(32).

业生产和农村居民身体健康的危害日益引起社会的关注。为了鼓励农村地区修建排污设施,实施集中无害化处理,中央和地方政府在财政上设立专项资金补贴在农村地区建设排污、治污设施。

2. 为改善农村居住条件的住房改造或新建补贴

居住是群众的基本生活需要,住房问题是重要的民生问题,安居才能乐业。政府为了改善农村居住条件的住房改造或新建补贴的主要对象是农村低保户以及其他需要财政帮助的低收入人群。此项补贴政策由国家和地方政府财政负担,在具体实施过程中根据各地的不同情况,实施方案略有不同。下面以内蒙古呼和浩特市和山东省莱芜市为例来说明。根据2009年莱芜市出台的《莱芜市农村低保住房困难家庭货币补贴实施办法》,住房改造或新建的补贴对象主要为农村低保户家庭。符合条件的农村低保住房困难家庭修缮住房的,给予每户1000元至3000元不等的修缮补贴。补贴额度按房屋残陋程度和实际修缮费用确认,最高不超过3000元。符合条件的农村低保住房困难家庭租赁农村闲置房屋的,按实际租金给予租房补贴,每户每年最高不超过800元。符合条件的农村低保住房困难家庭购买农民集中居住区住房的,给予每户1.2万元补贴;购买农村闲置房屋的,按实际购房款的6%给予补贴,最高不超过1.2万元。呼和浩特市根据最新的《2011年农村危房改造实施方案》,补贴对象为居住在危房中的分散供养五保户、低保户、贫困残疾人家庭和其他农村贫困户。补助标准是新建、翻建40平方米以下住宅,国家和自治区对每户分别补助6000元(建筑节能示范户每户再增加2000元)。

3. 对节能、环保的沼气等能源替代建设补贴

加强对农村沼气建设的财政补贴,让广大农民用上清洁卫生的能源。全国适宜发展沼气的农户约有1.46亿户,占农户总数的58%。在"十一五"时期,中央和地方财政大幅度增加了对农村沼气建设的投资补贴,重点支持以沼气池、改圈、改厕、改厨为基本内容的农村户用沼气,以及部分规模化畜禽养殖场和养殖小区的大中型沼气工程,使全国新增农村户用沼气2300万户。截止到2010年底,基本实现了全国户用沼气达到4000万户的目标。①

① 胡恒洋. 农村基础设施建设制度改革和重点[J]. 经济研究参考,2008(32).

中央财政对农村户用沼气的具体补贴标准为：西北、东北地区每户补贴1200元，西南地区每户补贴1000元，其他地区每户补贴800元。从2009年起，我国提高了对农村户用沼气建设的中央补贴标准：西北、东北地区每户补贴1500元，西南地区每户补贴1200元，其他地区每户补贴1000元。除此之外，各级地方政府的配套资金也有了较大幅度的增长。以内蒙古自治区为例，仅2008年内蒙古自治区预算内的配套补贴就达2000万元，该项补贴使11921户农牧民受益。其中，扩大沼气建设规模9600户，自治区每户补助1200元，共计1152万元，建设内容以"一池三改"为基本建设单元，鼓励各地因地制宜开展"四位一体"模式和"六大沼气新模式"建设；高标准绿色生态家园典型村创建16个旗县，32个村，共计1600户。2007—2008年山东省农村户用沼气投资来源及构成数据（如表5.1所示），亦能形象地说明政府财政专项补贴在农村沼气建设中的补贴幅度。从表5.1中我们可以清楚地看到，通过政府补贴，农户投资比重仅占总投资的40%—50%，大幅减轻了农民的负担。此项补贴对于促进我国新农村建设和实现农村废弃资源的再利用具有重要的意义。

表5.1　2007—2008年山东省农村户用沼气投资来源及构成

	合计	中央财政补贴	地市财政补贴	县级财政补贴	乡级财政补贴	用户自筹	
						筹资	投劳折筹
2007年（亿元）	8.68	0.80	1.14	1.23	0.53	3.78	1.20
比重（%）	100	9.22	13.13	14.17	6.11	43.55	13.82
2008年（亿元）	10.12	1.20	1.03	1.04	0.31	5.20	1.34
比重（%）	100	11.86	10.18	10.28	3.06	51.38	13.24

数据来源：山东省农业厅生态处。

4. 对农村医疗卫生设施建设补贴

随着我国城市居民看病难、看病贵问题的日益突出，城市医疗卫生和医疗体制改革取得了较大成就。但在我国人口占大多数的农村地区，医疗卫生事业一直是农村社会发展的制约因素，虽然我国在此方面投入了不少资金，但在总量上仍然不足。农村医疗卫生设施建设补贴就是专门补贴农村地区，用来购置医疗设备、建造房屋、设备维护等方面设置的专项资金。我国长期以来，此项补贴占卫生费用的比例一直过低，政府财政的投入主要是用来“养人”而不是补贴有利于农民的基础设施。现阶段我国农村的基本医疗卫生服务主要是由农村的卫生院（室）承担，并且在农村地区私人提供占大多数，此类卫生机构一般医疗设施比较简单，本身又无力购买医疗设备。此类专项补贴的设置在一定程度上缓解了这一问题，但是在补贴金额和补贴种类上的有限性决定了其无法从根本上解决农村居民看病难、看病贵的问题。因此，政府应在此方面继续加大对农村医疗卫生基础设施的投资力度，力争使广大的农村居民在家门口能够看得起病，看得好病。

5. 对农村广播、电视、通讯、科教等文化基础设施的建设补贴

“十一五”以来，我国政府高度重视农村文化建设，对兴起农村社会主义文化建设新高潮、推动农村文化大发展大繁荣提出了一系列重要战略思想，并不断加大对农村文化基础设施建设的专项补贴。文化基础设施建设具有较强的外部性，能够取得巨大的社会效益。农村文化基础设施建设不仅能够带动农村地区其他部门的发展，而且对于丰富农民文化生活，提高农民的综合素质，促进农村的发展具有长期的社会效益。

从我们对内蒙古自治区锡林郭勒盟的调研情况来看，我国农村地区的文化基础设施建设取得了可喜的成就，党和国家的政策在农村引起了强烈的反响。从 2007 年起，该盟陆续拿到 43 个苏木（乡镇）的国家文化建设专项补贴资金 696 万元，建成了建筑面积不低于 300 平方米的苏木（乡镇）文化站，包括图书报刊阅览室、文化信息资源共享工程服务室、多功能活动室、培训辅导室、办公行政用房等活动场所；其余 15 个苏木（乡镇）文化站的 240 万元建设资金也于 2010 年全部到位。该盟计划从 2010 年始利用三年的时间累计安排补贴资金 1900 多万元，支持全盟 13 个旗（县、市）的 58 个苏木（乡镇）文化站和 800 多个嘎查（村）文化活动室建设，为全盟所有的苏木（乡镇）文化站和嘎查（村）文化室配备相应的活动设备、器材，力争使每个苏木（乡镇）、嘎查（村）搞活动有场地、有设备、有器材。截止到调研时间为止，该盟农牧区文化站建设进程已近一半，广大农牧民对此项建设的满意程度较高。

三、"一事一议"制度

政府主要是通过"一事一议"财政奖补制度对农村基础设施进行投资的。"一事一议"财政奖补制度是政府为了鼓励村集体组织和村民个人投资农村基础设施事业,促进农村社会经济发展而实施的一项财政奖励补贴制度,是针对我国农村"一事一议"制度的配套制度。

1. 农村"一事一议"制度

所谓"一事一议"是指村民进行直接受益的农田水利基本建设、道路维修、植树造林和兴办其他集体生产生活等公益事业,经民主程序确定的自愿出资出劳的行为。"一事一议"制度肇始于2000年,农村税费改革初期。为了减轻农民负担,中央取消了乡统筹,改革了村提留征收使用办法,取消了统一规定的农村义务工和劳动积累工。"一事一议"制度就是针对这一现状而制定的。2000年中央在《关于进行农村税费改革试点工作的通知》中指出:"村兴办其他集体生产公益事业所需资金,不再固定向农民收取村提留,实行一事一议,由村民大会民主讨论决定,实行村务公开、村民监督和上级审计。对村内一事一议的集体公益事业筹资,实行上限控制。"2002年12月我国修订的《农业法》第七十三条对农村公益事业筹资筹劳也做出了规定:"农村集体经济组织或者村民委员会为发展生产或者兴办公益事业,需要向其成员(村民)筹资筹劳的,应经成员(村民)会议或者成员(村民)代表过半数通过后方可进行。""农村集体经济组织和村民委员会依照前款规定筹资筹劳的,不得超过省级以上人民政府规定的上限控制标准,禁止强行以资代劳。"

"一事一议"的内容包括:(1)村内进行农田水利基本建设、修建村级道路、植树造林等集体生产公益事业所需劳务,实行"一事一议",由村民大会民主讨论决定。村内用工实行上限控制。(2)实行"一事一议",由村民大会民主讨论决定,实行村务公开、村民监督和上级审计。对村内"一事一议"的集体生产公益事业筹资,实行上限控制。不得强制以资代劳。(3)为规范村级"一事一议"筹资筹劳管理,各地要按照农业部《村级范围内筹资筹劳管理暂行规定》,结合实际情况,制定具体的实施办法。(4)"一事一议"遵循量力而行、群众受益、民主决策、上限控制、定向使用、财务公开的原则，由村民大会或者村民代表大会民主讨论决定，属于本村村民集体所有、由村民委员会负责管理使用的农村公共产品的分配方式。[①]

"一事一议"彻底改变了传统农村公共产品和公共服务的供给方式，充分肯定了村民在公共产品供给决策中的主体地位，赋予广大村民在合理确定村庄内部公益性事业负担中的参与权、选择权、审定权。这一制度将村民自治从民主选举拓展到了经济管理和经济决策。它充分考虑到农民的收入水平和农民的个人偏好。"一事一议"制度是一种解决农村公共产品供给主体缺位、供需脱节、供给不足状况的有效途径，实现了公共产品决策的自主性。实行"一事一议"制度，最大限度地发挥了广大村民的监督和参与作用，使得村民大会或村民代表大会通过的基础设施建设，从决策、预算、筹资、决算到管理，都能够在村民的参与和监督之下进行，调动了广大农民"民主决策、民主管理、民主监督"的积极性，从而有效推进了农村基层民主政治建设。[②]

2. 政府"一事一议"财政奖补制度

"一事一议"财政奖补制度起源于国务院农村综合改革工作小组、财政部、农业部联合印发的《关于开展村级公益事业建设一事一议财政奖补试点工作的通知》，并于 2008 年起在黑龙江、河北、云南三省开展了村级公益事业建设"一事一议"财政奖补试点工作。取得成功后，该项制度在全国范围内得到大力推广。从我们调研的实际情况看，该制度切实调动了广大农民和农村地区发展农村公益事业、建设基础设施的积极性，取得了良好的社会效益和经济效益。

农村基础设施建设"一事一议"财政奖补范围主要包括：以村民"一事一议"筹资筹劳为基础建设的村内电力、饮用水、水渠、堰塘、桥涵、机井、小型提灌站或排灌站等小型水利设施，村内道路和环卫设施、植树造林等村级基础设施建设。

---

① 邓红亮. 推动村民一事一议筹资筹劳制度 促进农村公益事业发展[J]. 农村经营管理,2007(12).

② 赵成福. 我国农村村级公益事业投资机制的现实基础及其路径选择[J]. 新乡学院学报,2010(8).

从我们所调查的部分地区的情况看,地方政府在实施农村基础设施"一事一议"财政奖补制度的过程中基本上都遵循了以下几项基本原则。第一,民主决策、筹补结合的原则。"一事一议"财政奖补项目要尊重民意,以村民民主决策、自愿出资出劳为前提,政府给予奖励补助,政府投入和农民出资出劳相结合,共同推进村级公益事业建设。第二,村民受益、注重实效原则。"一事一议"财政奖补项目必须把村民、村级集体经济组织的承受能力考虑进来,优先建设农民需求最迫切、反映最强烈、与农民利益最直接的村级基础设施项目,注重项目的实际效果。第三,突出重点、有机结合的原则。"一事一议"财政奖补项目必须根据该地区农村经济社会发展总体规划和农村基础设施建设的发展现状,突出重点,同时要与现有的建设项目相结合、相衔接,避免重复投资,提高资金使用效率。第四,规范管理、阳光操作的原则。建立健全各项制度,确保筹资筹劳项目的谋划、方案的制定、村民议事表决过程、筹资筹劳和奖补项目的使用管理、项目预算和决算等公开、公正,接受村民监督。

在农村基础设施建设"一事一议"财政奖补的比例方面,政府对农民通过"一事一议"筹资筹劳开展的村级公益事业建设项目,一般按照三分之一的比例予以补助。所需补助资金由省、市财政各承担50%。① 但是,在调查中我们发现,各地方政府对农村"一事一议"项目的奖补比例不尽相同,甚至有的地区出入较大。这一方面跟地方政府的财政能力有关,另一方面也跟地方政府对农村基础设施建设的重视程度有较大关联。从我们在内蒙古的调查来看,数据显示内蒙古自治区已在全自治区33个牧区旗(市)开工建设"一事一议"财政奖补项目1373个,项目覆盖238个苏木(镇)、1067个嘎查(村),受益农牧户33.98万户。项目投资总额6.53亿元,其中财政奖补资金投入3.9亿元,占59.6%,有的项目甚至高达70%。② 内蒙古自开展"一事一议"财政奖补以来,农牧区生产生活条件得到显著改善,新农村新牧区建设步伐加快,农牧民参与基础设施建设和民主管理的积

---

① 赵成福. 我国农村村级公益事业投资机制的现实基础及其路径选择[J]. 新乡学院学报,2010(8).

② 课题组调研数据。

极性大大提高,形成了基础设施建设多方投入的长效机制,同时也密切了党群干群关系。

"一事一议"制度和"一事一议"财政奖补制度作为当前我国农村基础设施投资机制中的重要形式,一直处在不断的发展和完善之中,进一步加大中央财政对农村基础设施的投资、多渠道引入民间资本是农村村级公益事业投资机制改革和创新的主要方向。① 因此,实行"一事一议"财政奖补制度,建立以财政奖补资金为引导、以村民出资出劳和村级组织投入为基础、以企业和社会捐助为补充,筹补结合、多方投入,实现政府、社会组织和个人的多主体和多渠道投资,应是农村基础设施投资机制改革和创新的路径选择。

3. 公私合作投资机制

2004 年我国政府对农村进行税费体制改革,地方政府的财政能力被削弱,投资农村基础设施的资金减少。为了拓宽农村基础设施建设的资金来源渠道,我国逐步对农村基础设施建设进行了市场化探索,并取得了一定的成功。农村基础设施建设中的公私合作投资主要是指政府与私人资本或者私人部门的合作。农村基础设施建设由于外部性较强,资金回笼周期较长,私人(部门)资本较少涉足,但对于一些准公共产品(诸如农田水利建设和村卫生室等),实行政府与私人(部门)资本的合作仍然具有一定的可能性。这也是当今国际上一些国家的惯例。政府与私人(部门)资本的合作,一方面解决了政府建设农村基础设施资金短缺的问题,另一方面也为民间资本提供了投资渠道,二者实现了良好的结合。

现在我国比较通行的公私合作投资的方式主要有以下几种:(1) 服务。通常由政府部门投资,私人组织承包整个项目中的某几项职能,依据协议履行服务职责,获取收益。此种方式在我国的应用较多,如在农村公路的建设中,政府将修建公路的某项职能或者多项职能交由公司负责,公司在建设或服务中得到收益。政府部门承担对农村基础设施运营和维护项目的融资风险。(2) 发包。政府与私

---

① 江建平. 扎实开展一事一议财政奖补试点 努力探索村级公益事业建设投入新机制[J]. 江苏农村经济,2009(11).

人组织签订运营与维护协议，私人部门实施对农村基础设施的运营与维护并获取商业收益，但不承担资本风险。（3）租赁。政府与私人组织签订长期的租赁协议，私人企业向政府交纳一定的租赁费用，租赁现有农村基础设施，并可根据自身的融资能力扩建农村基础设施，负责其运营和维护，获取商业收益。（4）企业建设—经营—政府购买服务。政府与私人组织签订协议，私人组织负责农村基础设施的融资和建设，完工后独立负责经营，政府通过购买服务的方式进行合作投资。这种方式在山东省青岛市农村电影放映工程中得到良好的应用。此项旨在解决农村看电影难的问题，加强和完善农村放映基础设施建设的工程，在建设中坚持社会效益第一的原则，按照“企业经营、市场运作、政府购买、群众受惠”的发展思路，探索建立了多种所有制、多种发行放映主体和多种发行放映方式相结合的新模式。（5）“民办公助”。2011 年我国广大地区发生重大旱灾，在山东省抗旱救灾中，这一模式激发了农民兴建农村水利基础设施的积极性，在抗旱中发挥了重大作用。该模式在一些小型的水利设施中得到广泛应用。例如在农田机井建设中，政府鼓励农民个人积极打井，地方政府对农民给予 2000—3000 元不等的补贴，农民独立经营获利。（6）私人或集体建设，财政贴息。私人或集体组织投资农村基础设施建设，政府对涉及银行（含信用社）贷款的部分进行贴息。例如，财政部、水利部 2005 年 12 月 9 日印发的《节水灌溉贷款中央财政贴息资金管理暂行办法》规定，中央财政预算安排贴息资金专项用于对具有还款能力的地方水管单位、农户、农民合作组织、村组集体节水灌溉项目建设的各类银行（含农村信用社）贷款进行贴息。（7）打包。政府与私人部门签订协议，私人部门负责对现有农村基础设施进行扩建与建设过程中的融资。完工后，私人部门在一定的特许权期内负责经营和维护整个农村基础设施，并获得商业收益。此外，政府与世界开发银行和亚洲开发银行合作也是目前投资农村基础设施建设的方式之一，但该项投资所占比例较低，在未来的规划当中应着力提高利用国际资金的能力，充分利用国际开发银行的资金来促进我国农村事业的发展。

政府与私人资本的合作，是公共利益与私人利益的有机结合，不但能解决农村基础设施建设资金短缺的问题,而且能够通畅民间资本进入的渠道。一方面,通过政府与私人资本的合作,有力地缓解了地方政府尤其是乡镇政府的财政困难,解决了乡镇政府兴建农村基础设施有心无力的局面。另一方面,能够提高民间资本的利用率,促进农村社会经济的发展。随着我国经济的发展,农村居民的收入水平得到较大的提高,很大一批民间资本处于闲置状态,民间资本没有得到合理的利用。据统计,截止到 2011 年 1 月份,仅山东省农村信用社各项存款就总计 7000 多亿元,因此鼓励农村资本进入基础设施领域,无论是对于促进农村基础设施建设还是提高资本利用水平都具有重要的意义。政府与私人资本的合作,综合了政府和市场的功能,既提高了建设项目的经济效益,维护了投资者的利益,又使政府、企业、农村集体组织和农户等农村基础设施建设主体的力量得到了整合,实现了社会各方面力量参与农村基础设施有效供给的目的。

政府通过与私人资本的合作能够提高农村基础设施建设的效率。首先,私人部门在管理、技术、技术人员等方面具有政府不具有的优势,能够提高农村基础设施建设的效率和水平,降低成本,较之政府单独投资具有较大的优越性。其次,由于私人部门具有趋利性的特点,在资本的使用上能够发挥资本的最大效用。传统上,政府行为往往追求社会效益的最大化,而忽视经济效益,在基础设施建设中对成本—效益的分析不足,从而造成管理的混乱以及资金的浪费。再次,通过私人部门的介入能够对政府起到监督作用,避免官员的寻租。

在政府与私人合作投资的方式下,政府除了投资建设外还要对参与合作的私人部门进行甄选,保证基础设施建设的质量。在对基础设施的管理和使用方面,政府也要发挥主导性作用;政府还应对基础设施的定价和服务实行政府管制,避免基础设施的私人化,确保农村基础设施的公共性。目前我国在相关政策法规方面还存在不足。虽然政府在公用事业市场化方面出台了一系列的政策法规,但是在农村基础设施建设方面尚无相关法律、政策出台。关于农村基础设施建设中公私合作的适用范围、设立程序、招投标和评标程序、特许权协议、风险分担、产权划分、双方的权利与义务、监督与管理、争议解决方式等，都亟待政府出台相关法规和政策。政府与私人合作投资在我国目前的基础设施建设中还属于新型的筹资模式，应用范围还比较小，加之法律法规和政策的缺位，致使这种模式的影响力还比较小，仅在一些中小型项目中得到应用。但是，从目前来看这种模式的优越性已经显现出来，随着我国各项制度法规的完善，这种投资建设模式对农村基础设施供给的贡献必将越来越大。

第二节 政府对农村基础设施投资机制的局限性分析

随着改革开放三十多年来社会经济的发展，我国农村基础设施建设取得了巨大成就，尤其是在全球经济疲软的环境下，我国政府对农村基础设施的投资总量上持续增长，对于促进农村社会经济的发展和提振经济具有重要的意义。但是，在我国目前的财政体系和制度环境下，政府对农村基础设施的投资机制还存在明显的局限性，投资机制尚不完善。因此，我们应立足于现阶段取得的成功经验，从以下几点不足入手，丰富和完善我国政府对农村基础设施投资机制，扩大政府对农村基础设施建设的投资总量和范围，实现公共服务向农村的倾斜，最终实现公共服务的城乡均等化。

一、在政策制定方面农民参与不足

由于行政体制改革滞后，在农村基础设施投资中起主要作用的大多不是农村内部的实际需求，而是来自于政府自上而下的行政指令，甚至是为满足各级地方政府决策者的政绩和利益的需要。我国农村基础设施供给的数量和种类，基本是由基层政府在缺乏农民参与的情况下决定的。农民往往只能是被动地接受政府提供的基础设施，并被动地承担相应费用，农民对农村基础设施的实际需求难以体现。这种“自上而下”的供给机制忽视了广大农民对基础设施的切实需求，使得现行农村基础设施供给中同时存在着过剩与不足的现象。

在我国目前的政府投资机制下，农民可以参与决策的方式十分有限，农民基本上是被动地接受政策。新世纪以来，我国在广大农村地区实行的“一事一议”制度，把农村的基础设施建设纳入到村民自治的范围之内，调动了广大农民的参与意识。2008年起，国家又实行对农村“一事一议”的财政奖补制度，最高比例可达70%，切实减轻了农民投资农村基础设施建设的负担，真正调动了农民的积极性。但是，这一制度主要在一些中小型项目上发挥了作用，在一些大型项目中的作用十分有限。“一事一议”制度不仅对农民承担额进行了限制，而且“一事一议”财政奖补制度需要地方政府和农民的配套资金，对于一些中大型项目或者在贫困落后地区，农民的配套资金就很难实现。另外一种能够实现农民参与的方式——政府与私人资本的合作投资的应用范围还比较小，属于我国下一阶段农村基础设施建设的发展方向。转移支付和专项补贴都属于政府自上而下的政策范畴。由此可以看出在我国现行政府投资机制下农民的参与度较差，政策制定缺乏民主性，无法满足农民的需求偏好。

现阶段我国虽然制定了一些促进农村公用事业发展的政策，但是关于农村基础设施的政策基本还处于起步阶段，相关法律更是欠缺，这就导致我国农村基础设施建设的政策导向仍掌握在政府手中。目前看来，农村基础设施建设的政策基本上是由国家相关部门发动，真正由农民发动的政策十分有限，主要是采取自上而下的行政手段。这就形成了国家行政部门发放建设资金、地方政府予以资金配套、全面建设的局面，这有利于在全国范围内促进农村基础设施的建设，但是却忽视了不同地区的农村需求偏好，不能最大限度地发挥建设资金的效用。我国东部农村发达地区对消费性和文化基础设施的需求要高于生产性基础设施，而中西部落后偏远地区则对生产性基础设施的需求较高。然而在实际操作过程中，地方政府因财力有限缺乏建设农村基础设施的主动性，关于各项基础设施建设的政策多是由中央各部委来发动，中央财政拨付的资金或是各部门拨付的资金在专项范围内使用，这就导致了在农村基础设施方面存在供给过剩和部分短缺并存的现象。农村公共产品自上而下的供给决策机制在一定程度上导致了政府建设投资的供非所需和效益低下。

政府官员的官本位思想是致使农村基础设施建设缺乏民主和农民参与的另一个原因。在我国传统的行政模式中，政府处于社会管理的主导位置，尤其是在计划经济时代，农村的基础设施建设都是由政府来建设，实行严格的计划模式，农民在计划中缺乏参与。实行市场经济后，我国对政府体制进行了大刀阔斧的改革，在农村实行村民自治，放松了对农村的管理，突出了政府的服务功能。但是，在实际社会管理当中，地方政府个别领导的官本位思想依然十分严重，在农村基础设施建设的政策制定中实行一言堂，缺乏实际调研和农民的参与。这种做法的严重后果是，无视农村的实际需求，热心于投资一些见效快、易出政绩的短期建设项目；热心于投资新建而不愿维护已建成项目，致使农业水利设施老化失修，农村电网陈旧；热衷于供给看得见、摸得着的硬公共产品，而不是像农业科技推广、农业综合发展规划和信息系统一类的软公共产品。这不仅造成了资金的浪费，而且损害了广大农民建设农村基础设施的积极性。

以内蒙古巴彦淖尔市农村卫生系统为例。广大农村地区普遍存在的医疗卫生问题是，基础设施严重落后，设备、资金和医护人员缺乏，很多农村卫生院面临倒闭的风险。与此形成鲜明对比的是，广大农民对卫生服务的需求不断增加，看病难问题十分突出。2009 年国家投入大量资金对农、林、牧场卫生院基础设施进行建设，部分地区看病难的问题得到一定程度的解决，但是在农村的广大地区农、林、牧场的卫生院早已不复存在，该地区的基本医疗、公共卫生、合作医疗都是由当地的农村卫生院承担。由于上述地区的农村卫生院不在区域卫生规划之内，很难争取到中央和内蒙古自治区的资金支持。而在人口相对稀少的农、林、牧场地区的卫生院却能够获得资金支持，建成了大量标准化的卫生院，但由于上述地区人口有限，达不到卫生院的运营人口门槛，不仅造成了国家医疗、卫生资源的浪费，而且只能依靠财政支持维持运营，给地方财政添加了额外的负担。

因此，政府对农村基础设施投资如何进行，如何考虑农民的真实意愿，如何遵循科学民主的决策程序，需要进一步研究。

二、农村基础设施投资领域容易发生“政府失灵”

(1) 政府部门及其官员也有自身的组织目标或个人利益，他们对组织目标或个人利益的追求会使其行为偏离公共利益和社会福利最大化的目标,这主要表现在他们通过扩张政府活动范围和延伸政府职能而进行寻租的活动中。依照“经济人”的观点来看,政府和官员作为市场上的“经济人”,同样有其自身的利益,政府和官员追求掌握权力和资源的最大化,以及职位的升迁都是官僚制存在的痼疾。“绝对的权力,必然产生腐败”,尤其是在我国现存制度都还相对不够完善的情况下,政府官员通过掌握的权力和资源进行寻租活动在所难免。从农村基础设施投资方面看,政府作为最主要的投资主体,其资金主要来自于各级财政,投资资金通过层层下拨的方式到达农村基础设施建设项目。由于缺乏得(有)力的外部监督机制,形成了所谓的“筛子效应”,所以资金浪费、挪用等现象极为普遍。同时,在农村基础设施工程建设中,由于外部监督的缺位,在项目施工所需材料和工程招标中,存在暗箱操作的现象,有些官员甚至分开寻租,收取“好处费”“回扣”等。此等现象不仅滋生了腐败,而且使基础设施建设的质量也大打折扣。近几年来,新建基础设施频发质量问题,突出地说明了在这方面存在的问题。

(2) 信息不完全使得政府政策制定和执行过程发生偏离和失误。制定实施政策或采取行动时,难以达到预期目标,造成基础设施高成本、低效率地供给。政府在农村基础设施供给中承担多重角色,既是项目的投资方,又是项目的实施者、管理者,直接组织建设工作;农民在基础设施建设中的参与度较低。这就导致政府无法真正地掌握农村对基础设施的需求信息,制定的政策不具有普适性。由于政府所追求的首要价值是社会影响而非经济效益和效率,这就导致政府直接组织基础设施建设的效率低下、管理冗员、人浮于事等。

(3) 政府在投资农村基础设施建设的过程中有严重的越位现象:为追求组织目标或自身利益,过度供给需求小的农村基础设施,有意加重农民负担。比如,为体现政绩而热衷于大建形象工程、政绩工程。我国现阶段农村基础设施建设中,政府投资的主要方向为生产性基础设施,比如,道路、水利等,此类基础设施的影响明显,符合官员和政府的政绩要求,而消费性和文化性基础设施投资偏少。为完成上级布置的达标任务,地方政府往往不顾当地经济发展水平和农民承受能力的实情,强行摊派集资。我国现行的农村基础设施投资机制,往往需要农民提供一定的配套资金,如果村集体缺乏资金支持,则往往会把负担增加到农民身上,从而严重打击农民进行基础设施建设的积极性。为了地方利益、部门利益,有些政府职能部门在提供公共服务中人为增加服务环节、降低服务质量,或以服务为名变相违规搭车收费,甚至还有部门弄虚作假,套取国家财政资金等等。

(4) 政府在农村基础设施供给中有着严重的缺位现象:对于不能有效体现政绩的,或为部门或组织带来的经济利益不明显的事业或项目,即使是当地农民生产、生活急需的,有些部门也会故意推诿甚至拒绝,或人为地增加基础设施建设成本,降低供给效率。现实中出现的政府农业技术推广领域“网破、线断、人散”,农田水利设施“老化、失修”,农村社会保障体系整体缺失,农民因病致贫、返贫等现象,无不与政府职能缺位有着密切关系。另外,现行行政体制中的地区分割、部门分割,以及与此相对应的地区、部门利益的相对独立性,也会导致农村基础设施投资中出现地区之间、部门之间竞相攀比的现象。[①] 这些因素的综合作用,使农村公共资源的使用与基础设施投资效率低下,无序增长。由此产生的后果是,增加了农村基础设施的筹集需求,提高了供给农村基础设施的成本,加重了农民的负担,却使农民的实际收入、福利和生活质量降低了。

三、政府对农村基础设施投资存在不平衡性

(1) 从地区分布来看,中西部对农村基础设施的投资与东部地区存在较大差异。与东部地区相比,中西部地区无论是在农村基础设施投资总量上还是质量上都处于劣势。这在根本上是由我国现行的农村基础设施投资机制存在不均等化造成的。现行的投资机制决定了各地方政府的投资水平与其财政能力和税收能力相关联。虽然我国在政府转移支付方面进行了一系列的改革,税收返还的比例逐年降低,但其所占比例仍相对较大,本着公共服务投资均等化的原则最终应取消税收返还。以山东省和河南省为例,中央政府对河南省和

① 鹿俊峰. 泰安市农村基础设施建设投入问题研究[D],山东农业大学硕士学位论文,2007.

山东省的转移支付额和税收返还额存在很大的差距,虽说二者在人口和地方面积方面具有很大的相似性,但是河南省的农业人口毕竟大于山东省,农村地区对于基础设施的投资需求也比山东省更强烈。但是,目前的转移支付方式决定了中央政府对河南省的投资额要少于山东省。这就造成了中央财政资金在部分程度上没有最大限度地发挥其促进全国社会经济发展的功效。课题组在对内蒙古自治区赤峰市、乌兰察布市、鄂尔多斯市、呼和浩特市农牧区的调研中发现,我国政府的专项补贴投资是建立在村集体和农牧民投入基础上的后期资助。这种投入机制的结果是,有些地方村集体和牧民无投入,政府也就无补贴,基础设施无法提供;有些富裕地区村集体和农牧民投入多,获得政府补贴也多,导致基础设施分布的不均衡。

在我国现行的政府投资机制下,政府对农村基础设施的投资需要地方各级政府和农民的配套资金,这就造成了投资资金在不同地区间的不平衡分配。无论是"一事一议"财政奖补制度还是专项补贴制度,都要求地方政府和农民投入一定的资金来进行配套,这一方面是由我国中央财政资金有限决定的,另一方也能实现多元化筹资,具有很大的优越性和可行性。但是,这就造成了部分落后省区、市、县在争取投资资金方面处于劣势地位,最后导致投资资金的不均等化分配。近几年来,这种政府财政投资的不均等化现象已经得到学界和政府的重视,并提出了公共服务均等化的建议。

"一事一议"是农村税费改革后实行的农村基础设施筹资制度。此项制度的顺利实施,受到较多因素的影响,比如不同地区的民主参与程度、社会经济发展水平,以及村民的综合素质在不同地区有较大的差异性。农民"一事一议"的能力是这项制度得以顺利实施的保障。从以上三个因子可以看出,相对发达地区的农民由于受城市化的影响较大,参与意识和接收到的信息较多,其"一事一议"能力相对于落后地区的农村居民较高。我们以山东省菏泽市某村的情况为例来说明"一事一议"能力的重要作用。该村地处山东省相对落后的西部农村地区,人口约 500 人,分南北两队,欲修一条连接邻村的公路,预计花费 15 万元。该村青壮年 80% 以上外出务工,村中多为老、弱、妇、幼人员,由于村民大多不愿参与村庄管理,致使村支部书记多次无人竞选而由其他村村民担任，组织生活处于涣散状态，无法组织起有效的活动。经所在乡政府协调，实施“一事一议”财政奖补，地方政府由于财力有限只能配套5万元，其余10万余元由村民承担。在10万元的承担问题上，北面队提出异议，认为其队与他村连接公路是其自行修建，此路也应该由南队自行修建。南队村民或因为家中无青壮年或因为负担过重而参与度较低，最终导致计划的流产。

（2）农村基础设施类型存在不平衡性。从目前我国政府对农村基础设施的投资方向来看，政府投资资金多偏好于投资诸如大江大河治理、农田水利、交通、电力等生产性农村基础设施，而在消费性基础设施和文化性基础设施方面投资较少。在上述生产性农村基础设施建设方面，政府对大江大河的治理资金比重较大，对直接用于改善农业生产条件和农民生活条件的中小型基础设施建设的资金比重较小。这就在一定程度上制约了农村生产、生活条件的改善，限制了农村地区社会经济的快速发展。同时，随着我国农村地区经济水平的不断发展、人民收入和生活水平的不断提高，广大农村居民对消费性和文化性基础设施的需求与政府投资结构的矛盾日益突出。因此，我国现阶段的政府投资应该在政策导向上向消费性和文化性基础设施方面倾斜，提高农村地区居民的生活水平。

我国东部地区农田水利等生产性基础设施的普及率和完好率明显高于西部地区，尤其是干旱缺水的西北地区，农田水利的缺乏，成为制约当地农村发展的瓶颈。因此，在西北部农村地区大力发展改善农民生产、生活条件的中小型农田水利设施，应该成为当地农村基础设施建设的重中之重。东部农村地区对有关道路、通信、水电、燃气、文教、医疗、保健等基础设施的消费普遍要优于西部农村。东部地区有超过80%的农村有一定数量的基础设施用于公共消费。但是在我国西部地区，消费性和文化性基础设施在数量上明显少于东部地区，部分地区消费性和文化性基础设施数量甚至为零。政府在投资西部地区农村基础设施建设中，应突出农田水利建设，兼顾消费性和文化性基础设施建设，增加对西部地区的支持力度。东部地区应该在维护基础设施，完善消费性和文化性基础设施的基础上，进一步提高人民群众的生活水平。

四、中央政府和地方政府对农村基础设施投资领域权责不清

(1) 各级政府财权、事权不对等,农村基础设施建设资金管理体制不完善。目前政府投资农村基础设施资金高度依赖中央政府财政,中央政府和地方政府资金投入职责划分不清晰,地方政府对农村基础设施的投入严重不足。地方财政,尤其是地(市)县级以下财政大多财力不足,向农村公共产品和准公共产品投资的积极性较低。推动农村基础设施建设的发展既是中央政府的职责,更是地方政府的重要任务,为此,需要明确哪些项目应该由中央政府投资,哪些项目应该由地方政府投资。分税制财政体制下,这种"财权上移,事权下移"的管理模式导致了乡镇财权事权不对称,"责任无限大,权利无限小",限制了乡镇政府对农村基础设施建设的积极性。且政府对农村基础设施建设投资实行分块管理,部门分割严重,使有限的资金不能形成合力。不同渠道的财政资金在使用方向、实施范围、建设内容与项目安排等方面存在不同程度的重复和交叉,又因为分属不同部门管理,所以条块分割、相互协调不够、重复投入等问题不同程度地存在着。这导致政府各部门之间责任不清,令出多门,多头管理,难以形成政策合力。

中央财政和地方财政在投资基础设施建设的领域、范围和重点方面缺乏明确划分,投资重点不突出。主要原因是财政管理体制与各级政府事权范围不匹配,如县级政府事权多而财力不足,上级政府划转县级转移支付时,一般转移支付少,而专项资金多。且上级部门一般难以全面掌握各地社会经济发展程度的详细情况,通过批复下级政府上报的项目就直接决定了县级政府财政资金的扶持领域。①依据完善公共财政体制的基本要求,只有重新合理界定各级政府的事权范围,明确各级政府的财政支出责任,并严格实施行政执法责任制,才能有效理清和解决各级政府投资农村基础设施的事权范围和支出责任。

(2) 政府各部门管理农村基础设施建设资金的体制不顺,管理职

---

① 游垂元. 财政支农资金管理的问题及对策建议[J]. 财会通讯,2006(12).

能交叉重叠。其实质上还是利益问题。目前,农村基础设施建设资金涉及政府资金管理部门、宏观经济管理部门、扶贫办、农业综合开发办,还有其他行业主管部门,如农业、林业、水利、畜牧、农机、科技局等。存在的主要问题,一是政府宏观经济管理部门直接或牵头管理工程,不利于工程监督管理和尽快实施。二是同一类型项目由多个部门管理,缺乏统一整合、集中实施,造成资金投入过于分散,难以形成集中资金办大事,影响到建设项目的投资效果。如近年来实施的人畜饮水解困工程,存在发改委的以工代赈办、农业综合开发办、扶贫办等多个部门管理的问题。三是县级农业等主管部门为满足自身经营需求,普遍开展经营创收活动。这种政企不分的现象,既容易影响行政管理和服务职能的发挥,也不利于建立正常的农村基础设施资金投入机制。①

(3) 地方政府本末倒置,资金管理不善。主要原因是农村基础设施工程项目尚未建立完善的项目管理监督检查机制。近年来由于财政管理体制的原因,各级政府财政状况普遍较差,农村基础设施建设的资金投入都依赖于上级财力,特别是中央专项资金,因此有些部门或领导个人想方设法争取项目,取得资金。如某县政府专门成立了基本建设投资项目办,主要职责就是从上级有关部门争项目和资金。但是对争取来的项目,普遍存在轻管理,以及弥补机关经费不足、挤占挪用、套取、骗取项目资金等问题,甚至部分人员涉嫌个人犯罪问题。② 由于资金的管理不善,使得地方政府在资金的使用上具有一定的灵活性,在利益的推动下,地方政府本末倒置,为了争取上级资金而争取资金,以争取到的资金额作为政绩。

五、政府投资无法满足农村基础设施建设需求

农村基础设施相对于城市基础设施规模较小,技术密集度低,劳动密集度高,因而要素构成相对简单。农村基础设施投资规模大多集中在几千元到几十万元之间,与城市基础设施相比,资金规模非常

---

① 席元香. 当前财政支农资金管理使用中存在的问题及审计重点[OL]. 中华人民共和国审计署网站,http://www.audit.gov.cn/n1057/n1072/n1342/16270.html.

② 同上。

小。农村基础设施建设虽然也需要一定的技术投入,但总体技术含量不高。农村基础设施建设还需要较多的劳动与资金配套,转化为凝结的价值形态。虽然资金规模小,但是其投资建设并非农村一家一户能够负担的,并且农村居住形态呈分散化的状态,加之农村集体经济的衰弱,大多数农村集体也难以全部承担其建设资金的投入。另外,农村基础设施是一个包括多项设施在内的产业部门,在全国范围内农村基础设施投资的资金需求十分巨大。与此相对应的却是我国政府对农村基础设施建设的长期供应不足。截止到2006年,我国农村还有近100个乡镇、近4万个建制村不通公路,有近1万个乡镇、30万个建制村不通沥青路和水泥路,并且已建成的公路由于养护能力不足,已经有一部分不能正常使用。虽然我国经济取得了巨大的成就,政府财政收入实现了跨越式增长,对农村基础设施的投资规模也不断增大,但是从我们调查的一组数据来看,政府对农村基础设施的投资额所占三农支出的比例在1998年后基本呈下降趋势。由上文可知,在我国政府对农村基础设施投资的类型中生产性基础设施所占比重较大,在投资结构中居于核心地位。从我国农村基础设施的划分类型来看,农业基础设施主要包括了道路、水利、农机服务机构、农资销售网点、农业技术服务机构、农业示范区建设、农田林网建设等农业方面,其基本涵盖了农村生产性基础设施的内容。基于此,我们以农业基础设施建设投资规模为指标分析了农村生产性基础设施投资所占农业支出的比例变化情况。

通过两数值的比较衡量出农村基础设施财政支出在政府的整个农业支出计划中的分量。从表5.2我们可以明显地看出,从1989年到2009年的21年间,农业基础设施财政支出占农业支出的比重的平均值为22.4%。其中,1989年到1997年,这一比重一直维持在20%左右。到了1998年,农业基础设施建设财政支出占农业支出的比重迅速提升到39.9%,达到了21年间的最高值。在之后的年份里,这一比重持续下降,2005年以后,这一指标降到了均值以下。我国还处于社会主义初级阶段,很多地区的农业还相当落后,急需完善基础设施的建设。从数据中可以看出,农村税费改革对农村基础设施建设的投资有着重要的影响。税费改革后,地方政府投资农村基础设施

表 5.2　财政支出投资于农村基础设施与农业的比重

年份	农业基本建设支出(A)	农业支出(B)	A/B(100%)	年份	农业基本建设支出(A)	农业支出(B)	A/B(100%)
1989	50.6	265.9	19.0	2000	414.5	1231.5	33.7
1990	55.7	307.8	18.1	2001	480.8	1456.7	33.0
1991	75.5	347.6	21.7	2002	423.8	1580.8	26.8
1992	85.0	376.0	22.6	2003	527.4	1754.5	30.1
1993	95.0	440.5	20.1	2004	542.4	2337.6	22.4
1994	107.0	533.0	20.1	2005	512.6	2450.3	20.9
1995	110.0	574.9	19.1	2006	504.3	3173.0	15.9
1996	141.5	574.9	20.2	2007	530.4	4318.3	12.3
1997	159.8	766.4	20.9	2008	552.6	5955.5	9.3
1998	460.7	1154.8	39.9	2009	573.7	6366.0	9.0
1999	357.0	1085.8	32.9				

资料来源：根据历年《中国统计年鉴》计算所得。

建设的资金进一步萎缩，对中央和上级政府的依赖性增强，导致我国政府对农业基础设施建设的投资相对农业投资的不足与农村日益增长的基础设施需求的矛盾日益突出。经过分析，我们可以看出，在现行的政府投资机制下，政府对农村基础设施的投资很难满足农村的需求。因此，对农村基础设施供给中的政府投资机制进行改革，推动政府与其他部门的合作，实现供给主体的多元化，值得我们进行深入的探讨。

我国政府通过转移支付、专项补贴、“一事一议”、公私合作等方式对农村基础设施进行投资，形成了我国目前多方位、多层次性的政府对农村基础设施投资机制。在此机制下政府对农村基础设施方面的投资呈增长趋势，大大促进了我国农村基础设施的建设，不仅减少了政府的财政负担，而且充分调动了企事业单位和广大农村地区、广大农民投身建设基础设施的积极性。农村基础设施的发展，对于我国新农村建设和整个城乡社会经济的协调发展具有重要的影响。农村基础设施的发展，不仅能够有力地促进当地农民生产生活条件的改善，而且能够广泛地吸纳劳动力，增加农民收入，促进劳动力资源的迁移。夯实农村基础设施，不仅能够充分发挥民间资本对社会经济发展的作用，而且能够促进农村城镇化的发展，达到工业反哺农业、城市带动农村、公共服务城乡均等化的目的。尤其是在当前国际经济增长乏力、国内经济结构不平衡、投资对经济发展带动作用下降的背景下，投资农村基础设施建设还能够起到扩大生产和消费，提振经济的作用。因此，扩大政府对农村基础设施的投资，提高政府对农村的公共服务能力，也成为改善民生，促进社会发展的一项政治性事业。但我们还应该看到现在的投资机制还不完善，结构还有不合理之处，管理还不完善，政府对农村基础设施的投资总量还不能满足农村的需求，广大农民的收入增长还比较缓慢，基础设施自我供给能力有限，而在目前的投资机制中容易产生财政补贴的“逆向效应”。因此，在政府对农村基础设施建设的过程中，要坚持科学发展、以农民为本的原则，大力投资与农民生产生活密切相关的领域。只有让农民在基础设施建设当中获得实惠，收入得到提高，生活得到改善，才能保证农民持续投资基础设施建设的动力，政府对农村基础设施的投资才不会成为无源之水、无本之木。

第六章 各国政府在基础设施建设中的投资行为模式及其借鉴

在中国,关于农村基础设施的投资是农民增加收入的有效途径之一,也是解决"三农"问题的有效手段之一。因而,完善农村基础设施建设,有利于提高农业劳动生产率,给农民带来增产增收正效益,有利于提高村镇农民的生活质量,统筹城乡经济的同步发展。但是,中国政府农村基础设施投资模式略显单一。放眼国外,基础设施投融资模式及体制已呈现出多元化发展的趋势,各国政府纷纷致力于农村基础设施投资建设当中来,旨在促进本国经济的整体发展,提高国际竞争力。本章对各国政府在基础设施供给过程中的投资行为模式进行了分析,重点关注了美国、韩国、澳大利亚等典型国家和地区在基础设施领域的投资模式,总结和提炼出对中国农村基础设施投资的借鉴作用。

第一节 基础设施投资理论与模式

对于基础设施的重要作用,许多经济学家做了大量的研究。基础设施对一国或某个地区经济的发展有着极其重要的作用,因为基础设施是一个国家开展经济活动和社会活动的基础条件,是整个国民经济快速、持续、稳定、健康发展的支撑平台。

农村基础设施是农村交通、能源、通讯、水利、教育、卫生以及为农民生活提供公共服务的各种要素的总称,是改善农村生产和农民生活环境、增加农民收入、提高农业综合生产能力、扩大农村内需、激活农村市场、拉动经济增长的基础,有利于促进农村社会经济的可持续健康发展,缩小城乡差距。

农村基础设施投资具有与一般基础设施投资共同的特点,即投资大、周期长、固定成本高等。除此之外,农村基础设施投资还有与农业这个产业紧密相关的特点。农村基础设施的建设具有广泛的社会正效益、一定的滞后性,投资具有风险和不确定性。

一、基础设施投资模式

有关城市基础设施建设投融资模式,时至今日国际社会也还没有统一的定义。本书采用国内外广泛使用的项目区分原理,将基础设施投融资模式定义为,政府和私人资本对基础设施建设投融资时所采用的有效方案;不同性质的基础设施项目,具有不同的投融资方案。现实中,为了保证城市基础设施建设的可持续发展,往往根据项目属性的不同,确定相应的投融资方案。在确定某一基础设施投融资方案时,应当明确该项目的属性及特征,然后据此选择相应的投融资模式。最简单的基础设施投融资模式包括投融资的主体、渠道和方式。投融资主体的确立应围绕"谁受益谁投资"的原则,即保证项目或资金增值保值并按契约向资金融出者支付权益。国内外城市基础设施投融资主体大致分为政府和私人两大类,如表6.1所示。投融资渠道即资金的来源,如政府财政、资本市场、银行信贷、外资引入等。投融资方式即资金融入的方法。根据城市基础设施投融资渠道的分类,可以将投融资方式分为:① 政府融资,具体方式有政府直接融资和间接融资,以及专业银行的信贷融资;② 资本市场融资,目前使用比较广泛的方式有债券融资、股票融资、产业投资基金等;③ 项目融资,主要方式有BOT、PPP、PFI/租赁融资,等等。

表6.1 国内外基础设施投资主体

国内外政府投资	中央政府投资
	地方政府投资
国内外私人投资	金融机构投资
	企业投资

资料来源:戴世明,陆惠民.城市基础设施投资主体多元化[J].基建优化,2002(22).

二、农村基础设施建设投资模式

从世界范围来看,农村基础设施建设投资模式大体包括政府投资、集体投资、民间资金投入等模式，不同的投资模式依托不同的运行机制实现，具有不同的优势和局限性。

1. 政府投资模式

纵观国际经济和我国改革开放的实践，政府介入农村基础设施建设和运营的方式主要分为两种类型：政府直接生产与政府间接生产。政府直接生产是指政府通过财政支出拨款给自己拥有的公营企业生产农村基础设施。政府直接生产是政府介入农村基础设施发展的一个重要方式，它具有力度大、收效快的特点。其优点在于，可以不从投资项目本身的利益着眼，注重社会效益；一般通过征税来筹措资金；消费不受限制，其潜在效用可以得到充分实现。但这种方式也存在一定的缺点，如投资成本高、效益差、亏损较为严重。政府直接投资生产的农村基础设施品种单一、质量低，常常供不应求，消费者处于没有选择余地的被动地位。政府投资的基础设施在使用中缺乏维修、保养，损耗较为严重。据世界银行的调查，政府直接投资的基础设施普遍存在投资主体的目标模糊不清、缺乏自主权和责任制、财务困难及劳资问题等。随着市场经济的发展，政府开始运用间接生产的方式促进农村基础设施建设的发展。政府利用预算安排和政策形成经济刺激，引导民营企业参与公共产品生产，一方面降低了政府的财政开支，另一方面促进了公共产品和服务的质量提高。具体而言，主要有以下几种形式：政府与民营企业或国有经济组织签订生产合约；长期特许经营权；租赁承包；政府经济补贴和资助；政府参股和内部竞争。

2. 集体投资模式

在农村基础设施建设投资领域，政府作用的着力点在于提供有利于本地经济发展的公共环境和公共平台。政府投资基本上是导向性的，起到“四两拨千斤”的作用。由于集体经济发展强势，公共性投资力度比其他模式要大，公共产品供给比其他模式丰富，公共产品供给能力也比其他模式要强。对于受益范围有限，与本区域的农业、农村和农民相关的基础设施，农村社区组织、农民专业合作组织、村集体投资建设的情况更为普遍。在我国东南沿海等比较富裕的农村，村集体经济迅速发展，使得其事实上已经成为农村基础设施的投资主体。农村集体投资兴建新的基础设施,单独经营该基础设施,向社会开放,并可以向用户收取费用或集体免费供应等。

3. 民间资金投入模式

这是一种农村基础设施建设引入民间资金的机制选择。这里所说的民间资本,系指除政府资本以外的所有国内资本,不包括国外资本。民间资本以利润最大化为经营目标。它包括私人资本和国有民间资本两部分。进入农村基础设施建设的资金经营的主要目标是最高投资回报率,实现资金的最大增值。尽管其价值应与社会经济效益、生态效益协调,但最终要归结到投资回报率上来。①

第二节 美国基础设施投资模式

作为发达市场经济国家,美国的市场体系非常完善,市场机制运作及市场规则趋于规范,同时,长期推行市场经济,使其拥有雄厚的民间资本实力。这就为以市场机制引导民间资本进入基础设施建设领域创造了必要的条件。但民间资本是否能进入基础设施领域,还取决于其主体的理性选择。一般来讲,影响主体决策的因素有两方面:一是基础设施的价格或收费标准,该因素直接影响民间资本的盈利能力;二是投资基础设施的风险程度,该因素直接决定着民间资本的投资成本。为打消民间资本的这些顾虑,美国政府允许基础设施企业自主定价,使民间资本的投资回报率高于市场一般利率水平,如美国电力的投资回报率可达到16%以上。另一方面,美国政府采取了一些降低基础设施投资风险的措施,使民间资本更敢于向基础设施投资。目前,美国民间资本进入基础设施的程度很高。如美国私人投资近80亿美元修建的阿拉斯加石油管道,被称为世界上规模最大的一项私人资本投资的基础设施工程。

美国民间资本投资基础设施的形式很多,较为常见的是股份制。即若干发起人以股份制的形式注册一家公司,由该公司负责基础设施的筹资、建设、运营、偿还债务等。间接投资很普遍,比如社会公众

---

① 匡远配. 农村基础设施建设的投资模式选择[J]. 兰州学刊,2009(7).

购买基础设施企业发行的债券、股票，使基础设施企业获得必要的资金。基金制也是一种主要方式。据统计，美国的各种基金目前已达到4万亿美元左右，其中相当一部分投入基础设施，以获得长期稳定的收益。[①]

总体而言，美国城市基础设施大部分是由民间资本投入，通过市场竞争的方式建成的。美国的经济哲学从来就是："凡是民间能做的事情，政府绝不插手。"因此，基础设施服务主要由民间提供。政府在基础设施建设中所起的是一个辅助的作用，提供的也主要是非经营性基础设施服务。

一、发行市政债券，筹措基础设施建设资金

美国政府在进行各种公用基础设施建设时，主要有四个方面的资金来源：一是政府税收，二是政府债券，三是向外国政府和国际金融组织借款，四是国有企业自有资金。其中，政府债券是美国政府投资的主要来源之一，一般有三种形式：一种是统借统还，债券发行以后统筹确定投向；另一种是政府提供担保的国有企业债券；第三种是重点项目建设债券。另外，美国各级地方政府专门成立了债券委员会，从事基础设施建设资金的筹集工作。对于非经营性基础设施的建设，美国采取了以市政债券为主的融资模式，主要种类包括由发行主体的全部税收收入担保的一般责任债券和项目收益债券。一般责任债券是依据地方政府的所有收入来担保和偿还的。地方政府偿还一般责任债券的能力和意愿取决于其经济实力、财政状况和债务负担。收益债券是由向用户收费或专门的税收收入来加以偿还的。政府广泛地为卫生保健、高等教育、交通、收费公路和公用事业、供水、污水处理和电力、天然气等项目发行收益债券，但对于一些收益不足以偿还债务的建设项目，如会展中心和路灯系统，地方政府则通过特定的销售税、燃料税或将两者结合起来偿债。[②]

---

① 张伟. 经济发达国家民间资本进入基础设施领域的几种模式[OL]. 中国宏观经济信息网，http://www.macrochina.com.cn.

② 刘春杰，付强. 国内外城市基础设施建设融资经验借鉴[J]. 浙江经济，2005(5).

二、多渠道引导民间资本投资基础设施

在非经营性农村基础设施的建设中,美国各级政府尽可能多地通过某些技术和策略(如影子价格),将非经营性项目转化为经营性项目,从而交给市场来运作。如果需要修建一条公路,基于效率等原因不能有针对性地收费,而私人部门或者企业也不愿无偿提供,这个时候就需要政府部门的介入。可以有两种方案修建这条公路:一种就是传统思路,即由政府完全投资建造;另一种新思路就是由私人部门出资修建,政府则根据通车量支付一定费用。政府通过这种收费机制或称影子价格机制来激励私人部门,引导民间资本投资道路这类基础设施,从而也就完成了非经营性基础设施项目转向经营性基础设施项目,转变了投资模式和相应的管理模式。

三、完善基础设施建设的投融资决策和监管机制

美国政府在基础设施领域内的财政投资决策与监管机制是十分健全的。总的来讲,可以概括为科学计划、民主决策、公开招标、严格监管四句话。政府在准备投资公共基础设施建设前,要在严格评估与测算的基础上,制定出科学投资预算的计划书,然后经过严格审议和公民公开投票等程序批准投资计划。如果投资预算资金需要增税来筹集,一般需要2/3的居民投票通过。一旦投资计划被投票批准,政府有关部门就要面向全社会公开进行设备和施工招标,并且由政府有关部门对整个预算执行情况进行严格的监管。首先,严格监督投资预算的执行。一旦预算通过,就不能随意更改,如果确需增加预算,也要经过市议会及公民投票;其次,严格审计投资决算的结果。如果因为政府部门对投资预算执行监管不力而导致投资失控,有关政府官员比如财政部长就要承担责任。关于基础设施的投资建设方面,美国政府历来重视基础设施的经济实用性,强调基础设施建设的合理配套发展,同时重视小城镇的基础设施建设。美国拥有现代化的公路运输网,美国的铁路约占世界铁路总长度的35%。美国航空业无论在客货总运量、航空线路、机场设施还是各种类型飞机的数量和质量等方面,都明显领先于大多数国家。

第三节 韩国基础设施投资模式

一、韩国基础设施负担制度

一直以来,韩国基础设施建设采用的都是政府开发的方式,即政府征收私有土地,进行各种公共设施的建设,其费用分摊到住房销售价格中。而当时的民间开发规模较小,不承担公共基础设施费用。为促进民间投资,韩国政府1993年通过修改《国土利用管理法》,将土地利用类型划分为城市地域、农林地域、自然环境保全地域、准城市地域、准农林地域,进一步放宽准农林地域的管制,结果造成了地域一系列乱开发问题。不仅如此,大量小规模、高密度及发散性的开发导致地方政府无法也无力及时建设基础设施,造成准农林地域公共设施严重不足的问题。鉴于此,韩国在2002年修订《国土规划及利用法》时,为了缓解政府对基础设施投入带来的财政压力,引进了基础设施负担制度。①

基础设施负担制度是指土地所有者或开发商在基础设施负担区域进行小规模开发时,按照城市规划承担部分基础设施建设或交纳建设费用,从而防止城市快速开发带来的基础设施不足现象。基础设施负担项目包括以下几个方面:修建道路(包括从主干道进出基础设施负担区域道路在内);建设公园或提供公园用地;建设绿地或确保绿化用地;提供教育(中小学校)用地;铺设自来水管道和下水道;建立垃圾处理场;依照其他法律规定,在基础设施负担规划中规定的基础设施建设。基础设施负担地区指定后,必须在三年之内听取当地居民及地方议会的意见;在此基础上,编制基础设施负担规划,并由地方城市规划委员会进行审议。开发商需要交纳的基础设施负担费用,主要考虑基础设施负担地区的建筑物用途或土地利用规划的规定。开发商交纳基础设施负担金后,建立特别账户对基础设施负担资金进行有效的管理。基础设施负担金只限于基础设施建设,不

---

① 彭威,赵静.韩国基础设施负担制度及对中国城市建设的借鉴[J].知识经济,2009(18).

允许挪作他用，定期对该账户进行审计，确保使用透明。在建设完该地区基础设施后如基础设施负担金还有剩余时，由地方城市规划委员会审议批准后，在建设与该地区相连接的公路、上下水道等基础设施及征用所需土地时使用。从城市理性成长的观点出发，基础设施负担制度最大的优点在于将城市开发商基础设施建设义务化，从而避免了开发带来的基础设施不足问题。与此同时，基础设施负担制度也存在一些缺点，有待于完善。如由于基础设施负担区域的指定，事实上加重了开发商的负担，可能会抑制该区域的开发，引起周边地区的开发热。另外，基础设施负担金的加权值确定缺乏弹性：基础设施负担区域根据用途确定其负担比率的加权值，但不同地区的商业用地与住宅用地的收益率大小都不尽相同，因此商业用地和住宅用地的负担比率应该根据地区的实际情况灵活选择。

二、韩国基础设施负担制度对我国的借鉴

韩国基础设施负担制度在如何解决基础设施建设资金缺口问题上对我国有一定的借鉴意义。比如，投资者在承包土地或者进行房地产开发时，可通过协议商定由他们承担该地区的一些基础设施。如果投资者不能直接建设，则需要交纳基础设施建设所需的费用，政府职能机构负责建设。这样，首先缓解了政府的财政压力，其次是各类项目开发建设与基础设施建设同步进行，避免了其他项目开发导致基础设施不足或者滞后的现象。

有效管理基础设施建设资金是基础设施建设顺利进行的重要环节和保障。针对我国基础设施建设资金管理过程中存在较多问题的现状，例如基础设施项目超预算、挪用基础设施建设资金、基础设施建设中各种腐败等问题，韩国基础设施建设负担制中有关基础设施“负担金”的管理政策对我国基础设施资金管理有一定的借鉴作用。基础设施建设前应严格进行预算；基础设施建设资金要设置专人专门账户进行系统管理，严格实行专款专用制度，建立有效的资金使用监督机制等。

第四节　澳大利亚基础设施投资模式

一、澳大利亚国际项目投融资方式

BOT是目前盛行的一种国际项目投融资方式，是传统金融业借贷活动在结构和运作上的创新成果，这一成果在国际经济技术合作中得到了广泛的运用。BOT（Build-Operate-Transfer）的定义表达是：东道国政府与国际项目公司（外商）签订合同，由项目公司筹资参与基础设施和公共工程项目的开发和建设。项目建成后，由项目公司在规定期限内经营该项目以收回其对该项目的投资，以及其他合理的服务费用等，经营期限一般为15—30年，在规定的经营期限届满时，项目设施无偿转让给东道国政府。BOT方式是澳大利亚、英国、法国等国家在20世纪70年代以后引导民间资本投资基础设施的重要方式。近年来，发展中国家也争相效仿。70年代以后，澳大利亚已投资近20亿澳元进行修建隧道、公路、水厂、港口等基础设施项目。其中，尤以悉尼港海底隧道工程最为著名。该项目工程耗资巨大，近7.5亿澳元，由澳大利亚最大的私人建设公司GRANSFIELD和日本大型建设公司KUMAGAI组成悉尼港隧道有限公司负责筹资、建设、运营、回收投资、偿还债务等一揽子事务，经营期满后该项目无偿移交给政府。该项目于1987年正式开工，1992年9月正式竣工并运营，经营期限为30年。[①]

二、澳大利亚国际项目投融资方式的启示

在澳大利亚，现有的法律为BOT项目的运作提供了较完整的法律框架，政府并没有专门设置BOT项目管理法，所有的项目管理都是依据目前已经形成的法律进行的，但是企业界、法律界仍然认为BOT项目在澳大利亚之所以成功的关键则是政府部门的决心和相关部门的支持。政府与投资者依照各自控制风险能力的大小，承担相应的

---

① 周毅. 国外政府在BOT融资中的做法与借鉴[J]. 广西金融研究，2001(10).

风险责任。由于风险的大小直接涉及私人投资者的预期收益，所以就应该把弄清有关问题放在首位，属于政府最有能力控制的风险由政府来承担，而属于投资者最能够控制的风险则交由投资者承担。例如悉尼的过海隧道，政府担保的是交通量。由于该项目政府出资少，私人投资者出资多，政府为此设计了一个最小的交通量。如果小于这个数，政府就给予补贴；相反，如果超过这个数，项目所得收益，政府与私人就要共同分享。在澳大利亚的公路项目中，一般环境风险是由政府担保的，因为政府最有能力控制公路沿线的机构。而像工程超概算、建设时间延期等建设风险，其责任全部由投资者承担。对股本投资没有规定明确的回报率。在这个问题的处理上，澳大利亚政府的做法是，政府将准备吸引私人投资的项目，先委托政府信任的咨询评估机构对项目进行可行性论证，提出具体方案，包括具体的收费标准。这个收费标准必须同现有的同类收费标准相衔接。政府根据这个经济分析方案进行招标，投标者提出自己的收费标准和预期回报率；被选中的投标者建成项目后，如果实际运行中回报率超过与政府商谈的预期回报率，高出部分利润政府要与投资者共同分享。①

第五节　其他国家基础设施投资模式

发达国家的基础设施投融资模式中，较为普遍的是债券融资和基金融资。国际社会利用债券市场融资的成功案例基本上都集中在发达国家，如加拿大魁北克水电站、不列颠—哥伦比亚水电站、法国核电站等，都是通过发行30年长期市政债券，采用公募形式，在国内外发行。为了弥补传统BOT模式的不足，近年来又出现了一种PPP（Public-Private Partnership）融资模式，即政府部门与私人部门（企业）的合作模式。PPP模式是在基础设施建设实践中发展起来的一种项目融资模式，是一种以各参与方的“共赢”为合作理念的融资模式。

---

① 戴旭．借鉴国外BOT经验 探讨中国推行举措［J］．中国投资与建设（专题报道），1995（2）．

其运行机理为:政府部门通过政府采购的形式与中标单位组成的特殊目的公司签订特许合同(特殊目的公司一般由中标的建筑公司、服务经营公司或对项目进行投资的第三方组成的股份有限公司),由特殊目的公司负责筹资、建设及经营。政府通常与提供贷款的金融机构达成一个直接协议,这个协议不是对项目进行担保的协议,而是一个向借贷机构承诺将按与特殊目的公司签订的合同支付有关费用的协定,这个协议使特殊目的公司能比较顺利地获得金融机构的贷款。这种模式实质上是政府通过给予私人部门长期的特许经营权和收益权,以换取基础设施建设及有效运营。① PPP 模式虽然在国内是近几年才发展起来并逐步被人们所接受,但在国外已经得到较为普遍的应用。以下是其他国家比较典型的基础设施投资模式及其对中国基础设施建设的借鉴。

一、英国基础设施投资模式

1992 年,英国最早应用 PPP 模式。英国 75% 的政府管理者认为 PPP 模式下的工程达到和超过了价格与质量关系的要求,并可节省 17% 的资金。80% 的工程项目按规定工期完成,常规招标项目按期完成的只有 30%;20% 未按期完成的,拖延时间最长没有超过 4 个月。同时,80% 的工程耗资均在预算之内,一般传统招标方式只能达到 25%;20% 超过预算的是因为政府提出调整工程方案。按照英国的经验,适于 PPP 模式的工程包括:交通(公路、铁路、机场、港口)、卫生(医院)、公共安全(监狱)、国防、教育(学校)、公共不动产管理。② 英国在基础设施建设中利用民间投资的方式主要有三种:一是出售国有资产,实现国有资产向民间部门的转移,即产权直接私有化;二是放松政府管制;三是不涉及资产所有权的转移的方式。

二、法国基础设施投资模式

法国基础设施的委托管理具有悠久的历史。该模式在二战以后

---

① 陈柳钦. PPP:新型公私合作融资模式[J]. 建筑经济,2005(3).

② 同上。

法国所经历的大规模基础设施建设进程中得到了充分验证。近三十年来,法国在高速公路、停车场和城市供暖设施的建设开发方面的经验再度得到公认。法国企业集团在美国、德国、拉丁美洲、东南亚、澳大利亚或是中东欧国家(如布达佩斯至维也纳的高速公路)的大型国际招商活动中取得的成功,说明了法国的这种经验已经得到公认。法国的农业基础设施建设主要包括水利工程和土壤改良、农村用水用电、道路建设、地区的大型整顿等。在土壤改良和水利工程方面,1951 年政府正式通过法令,成立各种专业化的公私合营公司来承担土壤改良和农田水利工程,并由政府统筹管理。1955 年又通过法令扩大公司范围,吸收农业和工业部门都参与到投资和管理中,并允许银行集团参与投资。在法国北部和东部没有土地公司的地区,由市政府出面,在各市之间组成联合公司来进行土壤改良工作,并为公司配备挖土机、推土机等必要的机器设备。[①] 此外,面向农业的专业金融机构,以较低利率向农民提供大量的优惠贷款,利息差由财政补贴。

三、日本基础设施投资模式

日本基础设施建设的成效在于,日本政府在加大政府投入的同时,没有忽视或排斥民间资本的作用,而是通过各种渠道和相关制度安排积极利用民间资本,并取得了很好的效益。第一,政府提供财政和政策性金融担保,降低民间资本进入基础设施领域的风险。日本政府向为基础设施融资的部门提供财政和政策性金融担保。20 世纪 80 年代,日本政府为长期信用银行对风险企业的贷款,曾提供过 80% 的金融担保。日本国营铁路部门发行的铁路债券中,就有政府提供担保的债券。在电信业发行的债券中,也有政府担保债券。电力部门在进入民间金融市场的过程中,政策性金融为其发行债券和获取贷款提供过担保。第二,政府开拓特殊债券市场,即电信业的“加入者债券”,以弥补政府对电信业投资之不足和克服电信业从市场筹资的困难。1948 年 6 月,日本制定并颁布电话债法,规定凡申请安装电

---

① 苏明,王小林,陈冠群. 国外公共财政支持农业和农村发展的主要途径及启示[J]. 经济研究参考,2007(24).

话的用户必须认购一定数量的债券。此办法几经修改，一直延续到1983年。1950—1972年，“加入者债券”筹集的资金占日本电信公司外部资金来源的70%左右。1972—1982年，这一比重仍高达45%左右。第三，日本发行长期金融债。日本是高储蓄国家，储蓄资源相当丰富，由于战后日本资本市场不发达，迫切需要进行将储蓄转化为投资的金融创新。于是，日本长期信用银行依法向商业银行发行长期金融债券，由商业银行用其吸收的居民储蓄认购。当商业银行需要资金时，可以将长期金融债券转让出去，也可将金融债券向日本银行抵押申请贷款。这样，就开创了居民储蓄用于基础设施建设的转化渠道。第四，NTT资金来源。NTT（Nippon Telegraph and Telephone Corporation）日本电信电话株式会社，简称NTT，系将出售国营日本电报电话公司股份所获取的资金，用于某些无力自筹资金的基础设施部门。NTT资本并没有因民营化而丧失，而是转化成为公路等形式的另一种基础设施。第五，政府直接引导民间资本投资。日本政府主要用两种方式引导民间资本流向。一种是“筑巢引凤式”，比如在进行鹿岛工业区的开发建设时，日本中央政府和地方政府直接投资4000亿日元，引导私人企业投资1.5万亿日元。另一种是“联合投资式”，即将民间资本和经营能力引入政府的投资事业，如关西机场就是由中央政府、地方公共团体和民间企业共同投资建设的。[①] 日本政府引导民间资本进入基础设施建设领域的成功经验，对我国基础设施建设以及引导民间资本投资农村基础设施建设具有较强的借鉴价值。

四、以色列基础设施投资模式

以色列的成功得益于快速发展的社会经济和技术变革，而农业合作运动和合作体系建设起了十分重要的作用。农业合作组织体系使大家分享农业技术和农业发展经验，对农村基础设施建设给予充足的资金支持。在对农业扶助资金的使用上，以色列从不直接发放

---

① 张伟. 经济发达国家民间资本进入基础设施领域的几种模式[OL]. 中国宏观经济信息网，http://www.macrochina.com.cn.

资金给农户，而是用于该项产业的服务体系建设，或者拨给合作组织，由该组织用于公共需要。政府还通过发放农业银行贷款来支持水利工程建设，发明了滴灌、微灌、地下埋灌等世界先进灌溉技术。[①]以色列及其他国家在合作社领域的有益探索，为我国农村基础设施建设提供了新的思路和借鉴意义。

第六节　国外农村基础设施建设投资经验及借鉴

各国政府在基础设施领域的投资行为，以及通过公共财政对农业和农村发展的支持，尽管不同时期支持的侧重点不同，支持的手段、方式和力度不同，但仍有一些共性的做法和经验值得我们在农村基础设施建设中借鉴。

一、国外农村基础设施建设投资的成功经验

1. 农村基础设施投资主体多元化

国外农村基础设施建设的投资主体包括政府、企业、农场主以及农业合作自治组织(比如协会)。就投资比例而言，私人部门(包括企业和农场)投资比重较大，投资结构符合“谁投资谁受益”的市场原则。农业合作自治组织往往都是非政府非营利的，即农业NGO，它们的会员主要是农户，其次是各类农业企业；其活动的经费主要包括会员交纳的会费、政府的投资补贴以及农业合作自治组织自己筹集的资金(比如申请的各类捐助)等；其活动的空间和领域十分广泛。美国农业合作组织以供销服务合作社、服务合作社和产业合作社为主，包括供货合作社、营销合作社、联邦土地银行协会、合作银行、乡村信贷联合会、乡村电力合作社、农民火灾保险合作社、奶牛改良合作社、共同灌溉公司、多种经营合作社，等等。此外，还存在很多具有合作性质的专业协会、专业技术协会。日本农业合作组织是“农协”，其经营的业务包括农村生产和生活资料的供应、农产品收购、农业信贷、

① 于静，宋清．国外农村基础设施投资管理经验对我国的启示[J]．区域经济(中国市场)，2011(28)．

指导和组织农户生产以及农村社会生活等多方面。[①] 农业合作自治组织给予农户农业生产和日常生活的一系列服务，大大提高了农户和农业生产抵御市场风险的能力。

2. 政府对于农村基础设施投资的强势化

资料显示，对于农业基础设施的投资，发达国家普遍采取了强势的态度，比如加大直接投资比重。发达国家之所以加大农业基础设施的投入，其中一个很重要的原因就是，面对 WTO 对农业补贴的限制性条款，政府将扶持农业的希望寄托于 WTO 的“绿箱政策”。政府对“绿箱政策”的积极运用，一方面大大降低了导致农产品价格扭曲的农业补贴，以符合 WTO 关于“黄箱”政策的限制性规定；另一方面，政府对粮食安全、农村发展、农村环境保护等方面的投资以及其他收入扶持性政策，从客观上增强了农户抵御农业风险的能力。[②] 所以，发达国家对于农业基础设施的投资已经成为一种普遍的政策。由于政府对土地平整、农村道路交通与通讯设施、灌溉水利工程等项目的直接投资和优惠扶持，从而降低了农户、农业公司等农业生产者的成本，在客观上降低了农业生产以及农产品的市场风险，最终提高了农业投资的收益率。

3. 农村基础设施融资形式多样性

由于农村基础设施投资主体的多元化，而每个投资主体的融资能力和融资渠道都存在一定的差异，所以农村基础设施的融资形式也呈现出多样化的特点。从理论上分析，可以把国外农业基础设施融资的方式粗略划分为直接融资和间接融资两大类。直接融资又包含基础设施的债券融资、基础设施股权融资、基础设施基金融资、财政投资与补贴、农户剩余投资、基础设施合作组织投资等；间接融资包括基础设施的贷款融资。在实际操作的过程中，就具体的一项农业基础设施融资来看，往往呈现出混合融资的情形。所谓“混合融资”是指融资过程中融资形式的多样性结构，比如在一个项目的融资

---

① 姚於康. 发达国家农民合作经济组织的发展经验及启示[J]. 世界农业，2003(12).

② 孔祥智. 粮食产业保护的国际经验及对中国的借鉴[J]. 经济理论与经济管理，1999(2).

过程中，不仅进行直接融资，而且还进行间接融资；即使在直接融资的过程中也采取了不同的融资形式。一般情况下，“混合”程度伴随融资规模的增大而增高。发达国家农业基础设施“混合融资”的普遍化是建立在其对农业所采取的“反哺”政策之上的。由于政府对于农业基础设施的融资往往都采取了强有力的支持保护政策，因此，无论农业基础设施投资主体采取何种投资形式，都首先会考虑政府的财政补贴或者低息贷款，甚至争取获得政府的全额拨款。在这样的情况下，即使某个农户准备兴建一个小型的基础设施项目，他在动用自己的剩余进行投资的同时，将很容易获得政府的补贴，于是一个简单的融资过程也出现了两种融资方式。而对于大型的农业基础设施而言，政府无疑成为了最大的投资主体，但是政府一般也不会采取单一的投资形式。此时政府可以将该项目进行适当的切分，对于赢利性的子项目采取政府债券融资、基金融资或者股权融资的方式；对于不赢利的子项目则采取政府担保贷款的融资方式。[①] 融资的混合程度伴随融资项目的“切分”过程而显著提高，从而形成了多样化的融资渠道，为农村基础设施建设提供充足的资金保障。

4. 农村基础设施经营管护机制的灵活性

发达国家农业基础设施融资形式的多样化与其经营管护机制的灵活性密不可分。从理论上分析，两者之间是相互决定和相互制约的。灵活的经营管护机制设计带动了更多的投资者加入，从而丰富了融资的渠道；而融资方式的多样性，也决定了其日后经营机制的灵活性。在现实生活中，农业基础设施经营管护机制的设计往往已经成为影响融资主体以及融资方式结构的主要因素，很多投资者的投资决策都会受其影响。目前发达国家农业基础设施经营管护机制有以下几个类型：第一类是不涉及产权转移，只是部分经营、管护或者服务权的转让。该类型具体包括以下三种模式：服务协议 SC（service contract）；经营管护的承包协议 O&M（operate maintenance contract）；租赁—建设—运营（IBO）。第二类是部分或者全部产权的转移。其具体包括以下模式：建设—运营—转移协议（BOT）；打包协议（wrap-

① 贾丽红. 发达国家农村基础设施供给制度的经验[J]. 广东科技，2010(3).

around addition)；购买—建设—运营协议(BBO)。从产权结构的角度分析，发达国家农业基础设施经营管护机制的灵活性，在一定程度上体现了私人产权与公共产权在基础设施融资过程中的合作。在发达国家，政府一直是农业基础设施的重要投资主体，因此政府往往成为上述协议的出让方或者发包方，而农户或者农业公司以及各类农业合作组织往往充当协议的购买方或者承租人。基于这种情况，许多文献都把基础设施融资经营中出现的公共产权与私人产权的合作概括为 PPP(Public-Private Partnerships)模式。①

5. 农村基础设施建设过程的法制化

发达国家在完成工业化之后，普遍加大了工业对农业的“反哺”力度，作为农业生产经营的重要物质条件，农业基础设施自然成为政府投资扶持的重点，进而形成了政府与私人在农业基础设施供给中的广泛合作。合作的结果表现为农业基础设施投资主体的多元化、融资方式的多样性以及经营管护机制的灵活性。在这个良性的因果循环背后，实际上存在一个坚实的基点，那就是关于农业的保护性立法以及针对特殊投资领域的专门立法。以美国为例，自 1933 年美国颁布农业调整法，经过七十多年的变迁，美国已经形成了以农业法为基础、100 多部重要法律相配套的比较完善的农业法律体系，使美国农业真正实现了法治。日本以《农业基本法》为“母法”(也称为农业宪法)，同时辅之以 200 多部农业子法，构建了完善的农业法律体系，包括涵盖了八大类的 232 项农业法律法规：即总类、经济类、农业基本建设类、种植业类、畜产类、食品流通类、粮食管理类和其他类。② 其他国家在农村基础设施建设过程中同样体现了比较健全的法制体系，通过法制来规范对农村基础设施的投资行为。

二、国外政府投资农村基础设施建设成功经验对中国的借鉴

其他国家的基础设施建设成功经验表明，政府大力支持基础设施建设仍然是非常必要的。我国政府投资模式创新的指导思想就是

---

① 王丽娅. PPP 在国外基础设施投资中的应用及对我国的启示[J]. 海南金融，2003(11).

② 贾丽红. 发达国家农村基础设施供给制度的经验[J]. 广东科技，2010(3).

将市场和政府结合，坚持政府投入、市场融资“双管齐下”，最终实现基础设施投资社会效益、经济效益的均衡和“双赢”。

1. 大力拓宽政府财政支农的范围和力度

从世界各国的情况看，转移支付在省及省以下政府的财政收入中占有重要地位。无论在发达国家还是在发展中国家，省级政府最主要的收入来源都是中央政府的转移支付，转移支付占省级财政收入的比重在发达国家平均为41%，在发展中国家更是超过了一半，大到55%。[①] 对农业和农村的财政支持是各国公共财政支出的重要内容，一方面重视农村基础设施建设投资建设，另一方面重视公共财政对农业信贷和农业保险的支持，从而建立起健全的政府公共财政对农业的支持和保护体系。此外，政府公共财政还重视农村社会事业发展的投入。从国外的总体情况来看，多数国家对农业的财政投入总量可观，而且结构合理，这是我国应该借鉴的经验。

中国推行的新农村建设和城镇化建设是涵盖农村经济社会发展等多方面内容的发展战略。公共财政支持新农村建设和城镇化建设，既需要加强农业发展和农业结构调整的投入，以提高农民收入水平；同时需要加强农村社会事业发展和城镇化建设的投入，改变农村教育、卫生、社会保障、公共服务等长期发展滞后的现状，从而逐步推进中国农村经济社会协调发展。虽然我国财政支农资金逐年增加，但农村基础设施建设投入总量和投入结构仍然存在不足和结构性缺陷，与很多工业化国家相比，我国对农村基础设施的投资水平、规模、结构层面都存在不足。

2. 重视政策性金融机构的作用

日本在推动农村基础设施建设过程中，充分发挥了政策性金融机构的作用，并且政府在这些机构成立初期提供资本金，还为他们提供利率优惠、担保等一系列优惠措施来支持其发展。如日本的农林公库为农村基础设施建设提供优惠的中长期贷款；而且，为保证政策性金融机构的健康发展，一方面采取了不同的措施以确保其资金来源，另一方面通过立法对其给予支持和保障。但是，从我国实际情况

---

① 刘海英. 地方政府间财政关系研究[M]. 北京：中国财政经济出版社，2006，256.

看，政策性金融机构的业务范围狭窄，在农村建设过程中，政府对金融机构的支持力度不够，而且农村资金还大量从这些金融机构流失，加剧了农村资金的缺乏程度，导致一些支持农村基础设施建设的政策无法实施。为此，我们可借鉴日本的做法，拓宽我国政策性金融体系的业务范围，加大支持力度，促进农村基础设施建设的顺利开展。①

3. 加强政府为农村公共产品供给提供物质基础

农村基础设施供给的资金支持主要来自于政府财政。政府有义务和责任提供这些方面的基本服务，私人提供只是增加了更大的选择空间。农村公共产品市场化在理论和实践层面都有了新的突破和认识，为农村公共产品供给（包括基础设施）提供了新的途径。② 农村基础设施的融资结构与其供给的主体有直接关系，也就是说，属于哪一级的政府职责范围的基础设施，资金支持应该由哪一级政府负责。属于共同承担的责任，则共同承担经费。在明确各级政府事权和支出范围并赋予一定税收权限的基础上，通过平衡机制（转移支付），实现财力布局的纵向与横向平衡，以保证在全国范围内提供大体均衡的基础设施，努力实现融资渠道多元化。③

4. 建立健全政府基础设施领域投资宏观调控体系

农村基础设施是国民经济和社会发展的组成部分，地位重要，作用显著。地方各级政府作为农村基础设施建设的投资主体，应体现政府的主导地位和引导作用。各国的实践证明，政府在基础设施投融资中的主要职责在于做好宏观调控，通过市场机制引导基础设施的投融资，而不是行政主导投融资。同时，为投资者创造优良的经营环境、服务环境、生态环境和生活环境，吸引更多的国内外资本参与农村基础设施领域。例如，应该出台具体政策规定基础设施引入民间资本的方式、条件、特许权优惠和财政适当补贴等，这对于拓展多元化的投融资渠道和吸引市场主体进入农村基础设施领域都有着很

---

① 于静，宋清. 国外农村基础设施投资管理经验对我国的启示[J]，区域经济（中国市场），2011(28).

② 刘银喜. 农村公共产品供给的市场化研究[J]. 中国行政管理，2005(3).

③ 李燕凌，曾福生，匡远配. 农村公共品供给管理国际经验借鉴[J]. 世界农业，2007(9).

好的促进作用。

5. 改革基础设施建设投融资方式，实现公有制与市场经济的有机结合

借鉴国外农村基础设施建设和管理的经验，大胆利用一切反映现代社会化生产规律的经营方式和组织形式，实行以公有制为主体、多种所有制参与的农村基础设施建设投融资体制。以资本市场和市场运行作为最主要的融资渠道和投资准则，本着“谁投资，谁受益，谁承担风险”的原则，支持、鼓励和引导非政府部门、非国有机构、企业（国有、私营）和社会资金（包括民间资金）参与农村基础设施建设。创新农村基础设施投融资机制，建立市场化的运营体系。民间资本和国外资本能否进入农村基础设施建设领域，需要积极引进市场机制，建立多元化的投融资机制。其中规模较大、具有一定公益性的农村基础设施建设项目除了可采取“建设—经营—转让”等国际通行的做法外，还可以采取收费权抵押等方式；具备基本条件的其他类基础设施建设，还可采取承包、租赁、转让或拍卖等方式，向民间资本和国际资本开放；民间资本和国际资本愿意投资农村交通、电力、水利、邮电、广播等具有公益性基础设施领域的，可通过提供特许经营、市场保障等优惠条件来提高民营企业的融资能力，并降低投资风险；同时，还可通过制度安排支持投资主体发行债券，多方筹集农村基础设施建设资金。政府对私人部门和外国资本投资建设的农村基础设施项目，应给予指导、扶持和规范。

6. 创新农村基础设施建设财政资金管理模式

在加大基础设施建设投入力度的同时，还应加强对投入资金的管理，降低运行成本。基于农村组织和农村基础设施建设的特点，学术界提出了“银行主理—事后给付”的农村基础设施建设财政资金创新管理模式。该模式涉及政府、承建者、银行、村民四大利益主体，政府在确保工程利润情况下行使公共人角色，拨付工程建设资金给银行并监督银行和工程建设质量；银行在获取建设资金收益下承担向建设者提供资金和监督工程质量的义务；建设者向银行分期索要工程资金，负责建设及维护，同时获取工程建设收益；工程使用者即村民参与工程建设并对工程质量具有最后决定权。为解决“重资金分

配,轻资金管理"的问题,可以实行对农村基础设施建设的项目化,完善项目法人责任制、工程招标制、工程监理制、合同管理制,让资金使用公开化,避免暗箱操作。该模式还可以与现有的"以奖代补"机制相结合,在农村基础设施建设遇到资金瓶颈时,可以工程完工后的有关奖励作为抵押向银行申请贷款。该模式顾及了各方参与者的利益,能够有效相互监督与制约,大大提高了资金的利用率,具备可行性。①

随着中国城镇化速度的加快,基础设施供需失衡的问题越来越凸显,而影响基础设施供给最关键的因素就是资金短缺。基础设施投资模式已成为当前国际社会理论研究、体制改革的热点和焦点。本章中国外多年成熟的理论和实践为我国基础设施投融资体制改革提供了宝贵的经验。需要注意的是,国外成熟的理论和模式必须与我国国情紧密地结合起来,只有在切实把握国外理论经验和不同的投资模式基础上,从中抽象出理论精髓,提出切实可行的改革建议,才能探索出适合中国农村基础设施投融资模式多元化发展的有效途径。

---

① 温思美,张乐柱,许能锐. 农村基础设施建设中的财政资金管理研究[J]. 华南农业大学学报,2009(1).

第七章　农村基础设施投资过程中各级政府之间的财政分权

各级政府对农村基础设施的投资比例直接影响农村公共产品和公共服务的供给。近年来,地方政府对农村投资高度依赖中央政府,地方财政农业支出比重呈逐年下降趋势。[①] 因此,如何确立中央政府和地方政府、地方各级政府之间的财权和事权关系,构建科学的财政分权体制,需要进行相应的实证研究和规范研究。

第一节　农村基础设施的属性：公共性与服务性共存

按照罗森斯坦-罗丹的观点,基础设施是与私人资本相对应的一种"社会先行资本"。我国学术界认为,农村基础设施是为农村经济、社会、文化发展及农民生活提供公共服务的各类要素的总和,是为农村生产生活提供公共产品(公共服务)并保证农村社会扩大再生产能够顺利进行的各种条件的总和。因此根据与农业生产的关系的不同,学者们将农村基础设施进行了分类和细化。其中,有学者将农村基础设施划分为生产性基础设施和非生产性基础设施。农村生产性基础设施包括农田水利基础设施、农村道路、农产品储藏加工设备和用于生产其他产品的基础设施等;农村非生产性基础设施包括邮电通讯设施、医疗卫生设施、学校和培训设施、能源供给设施、养老院等福利设施、娱乐设施和必要的服务建筑设施。此外,农村基础设施这种公共产品还具有一定的特殊属性。一是需求的多层次性和多样性。不同经济社会发展水平、资源禀赋条件、区位条件、环境因素和

---

① 韩俊.建立和完善社会主义新农村建设的投入保障机制[J].宏观经济研究,2006(3).

人口数量结构决定了不同层次的农村基础设施需求。我国是农业大国，乡村覆盖面积大，农业人口比重偏多，在经济发展上，呈现出东、中、西部三种不同程度的发展水平，产生了对农村基础设施不同层次和多样化的需求。二是农村基础设施在投资和使用过程中相对低效性。因农村地域广阔、农民居住相对分散，以及农业活动在空间上的扩散性和时间上的季节性，农村基础设施的分布密度远低于城市，因而投资农村基础设施难以取得像城市基础设施一样高的回报。同时，农村基础设施因为受益范围有限以及使用时间的季节性，使用效率相对较低。农村基础设施的受益者仅仅限于生活在当地农村的居民，由于我国农村分布较分散，一些农村远离乡镇，位置偏僻，当地的基础设施除了当地居民外，很难找到第三方进行消费，农村基础设施的使用率很低。三是供给范围具有相对外延性。由于农业是国民经济的基础并属于弱势产业，加之农民相对贫困和农村经济相对不发达，因此在城市中可以由个人或企业来提供的基础设施，在农村中却必须由政府来提供。四是高依赖性。农业是兼有自然风险与市场风险的弱势产业，农民生产和生活对农村基础设施的依赖性大。①

第二节　各级政府在农村基础设施建设领域投资的地位和作用

一、中央政府在农村基础设施建设投资中的地位和作用

从公共经济学理论来看，中央政府一般而言是各类公共投资的重要主体，在农村基础设施建设投资过程中处于关键性地位。中央政府对农村基础设施投资行为的目的体现在两个方面：一是提高广大农村地区，特别是中西部地区农村公共产品供给能力，优化产业布局，促进当地生产力的发展，提高资源有效配置；二是基于效率和公平考量，支持与促进农村社会经济发展，为不同发展水平的农村地区提供较为公平的发展机会。因此，中央政府在农村基础设施投资过

---

① 李宏燕. 我国农村基础设施融资研究[D]. 内蒙古大学硕士学位论文，2010.

程中具有如下三个方面的重要作用。

(1) 中央政府不仅是全国性基础设施的主要提供者,而且是跨区域性地方基础设施的提供者,承担着基础设施跨区域、网络化、大规模投资任务。中央政府扩大在区位条件优越、自然环境较好、经济基础厚的东部农村地区的投资,有利于从整体上提高全国农村地区的经济运行效率,改善投资环境,促进当地相关产业的开发与建设,推动农村地区的现代化建设与城市化发展;而在地方政府财政收入偏低、公共投资能力较弱的欠发达地区,中央政府在农村基础设施领域的投资可以缓解地方政府在农村基础设施建设方面的投资压力,通过财政支持、扶持、援助、支援等不同方式,帮助农村地区尽快改善投资环境,提升农民的生活生产环境,这对推动欠发达地区农村经济发展有决定性作用。

(2) 中央政府在农村基础设施建设领域的投资,有利于缩小城乡发展差距,同时缩小东西部地区的发展差距,实现区域间经济的协调发展。随着我国市场经济体制的不断完善,不同地区城乡之间、区域之间的竞争将日益激烈,由于地理区位、交通环境、经济基础、历史文化条件的差异,不同区域在市场竞争中的优势和地位也存在明显差异,使得农村与城市、东部沿海发达地区与中西部欠发达地区之间的发展差距不断扩大。中央政府在农村基础设施领域的投资,有利于弥补农村基础设施建设公共投资的不足,推动农村地区的市场化进程,提高农村地区参与市场竞争的能力。

(3) 中央政府在农村基础设施建设领域的投资,有利于为农村地区经济发展和农民生活水平提升创造平等的经济政策条件。由于农村地区本身存在的地理区位等一系列制约因素,原始基础比较薄弱,单纯依靠市场经济运行准则使本身处于劣势地位的农村经济雪上加霜。因此,亟须政府特别是中央政府在政策上给予特殊的扶持与优待,保证农村地区经济发展能够在公平平等的大环境中进行。

二、各级地方政府在农村基础设施建设领域投资的地位和作用

地方政府在农村基础设施建设投资过程中同样发挥着不可替代的重要作用。从理论层面讲,政府经济职能在不同层级政府间的科

学合理划分,对增强政府宏观调控能力、提高政府运行效率均有着重要意义。中央政府具有传统的三大经济职能,即资源配置、调节收入分配与稳定经济。其中,资源配置的职能可以由地方政府行使,这样可以在提供地方公共产品方面发挥信息优势。在与中央政府的关系方面,地方政府不仅要协助中央政府推动市场化改革,化解改革成本,为顺利推动市场化改革提供保障,而且还应提供地方性公共产品以弥补市场化进程中的弊端(所谓的市场失灵)。因此,地方政府不仅具有资源配置职能,而且应具备一定的收入分配和经济稳定职能。各级地方政府在农村基础设施建设领域的投资作用主要表现在以下三个方面。

(1) 地方政府承担着为当地广大农村提供适合本地区社会经济发展需求的地方性公共产品、优化投资结构并提高效率的职责。地方政府通过对管辖区内个人、企业征税,为公共产品的购买与生产提供资金,通过科学调查了解公众对公共产品的偏好,从而更好地为公众提供公共产品。对于不同的地区,由于其不同的历史文化、环境、现实条件等原因,公众对公共产品的需求偏好存在差异,如果以全国性、统一的标准为不同地区提供统一的地方性公共产品,要求所有人都消费相同种类、同等水平的地方性公共品并缴纳税收的公共产品供给方式是不公平的,也是无效率的。与中央政府相对,地方政府深入当地公众,相对而言,更了解公众的真实需求,也更容易提供符合公众需求的公共产品,提高公共投资的产出量,同时提高该地区公共产品的使用效率。因此,地方政府对公共产品的供给更有效率,也更容易从当地的实际情况出发,因地制宜,因时制宜。

(2) 地方政府为农村居民提供参与市场竞争的平等条件。我国正处于社会转型的阶段性时期,如何将中央政府的权力下放给地方是政治行政体制改革的关键,将部分权力的转让与下移,鼓励地方政府结合本地区实际进行建设,能够更好地为广大农村地区服务。特别是在城市化与市场化水平较低的农村地区,地方政府具有管理本地经济社会事务的更多权力,能协助中央政府为农村地区提供参与市场竞争的平等条件。

(3) 地方政府可以为农村基础设施建设投资提供区域性制度保

障。农村劳动力市场发育相对不完善和“二元结构”的户籍管理制度的约束,是农村劳动力在区域流动方面受到限制的重要原因,地方政府可以在制度上提供保障,促进农村劳动力从业和就业机会上的公平公正。

地方政府不仅是农村基础设施建设的主要投资者和管理者,某种意义上还承担着农村基础建设发展战略与规划的制定与实施、公共产品供给制度规则与制度安排的提供与改进的职能,提高农村地方公共产品的供给能力并优化地方公共产品的地域空间配置结构,因此地方政府在农村基础设施供给领域具有重要的地位和作用。

第三节 中国农村基础设施投资机制的历史变迁及其效应

我国的财政政策与国家经济发展水平以及党和国家在不同时期的战略部署密切相关。从 1949 年建国至今,我国农村基础设施投资大体分为五个阶段:1949 年至 1978 年为第一阶段,1978 年至 1994 年为第二阶段,1994 年至 2000 年为第三阶段,2000 年至 2007 年为第四阶段,2007 年以来为第五阶段。

一、第一阶段(1949—1978 年),改革开放前的时期

建国以后,农村基础设施作为一种公共产品主要是由各级政府投资、农民投劳共同提供;特别是在改革开放以前,政府一直是农村基础设施建设领域的投资主体。建国初期,农村基础设施建设主要靠农民自我提供;人民公社时期,农村通过税收等财政手段从农业中筹集到的资金资源极为有限,人民公社正常运转所需的基础设施主要依靠制度外方式供给,实际中主要的做法是以廉价而充裕的劳动力替代其他奇缺的资本,依靠广大农民的劳动积极性,开展大规模的农田水利建设,推动生产性基础设施项目得以长足发展;合作医疗、社会救济、中小学教育等具有公共产品性质的各类制度也得以建立。因此,这一时期的农村基础设施投资是一种以集体利益高于农民个体利益,以农民集体力量为源泉,政府与农民共同承担供给责任的投

资机制。

二、第二阶段(1978—1994年),现行财政支农政策的形成时期

社会主义市场经济体制改革,在农村率先实行家庭联产承包责任制,国家的财政支农政策同样进入了由计划经济体制向市场经济体制转变的重要时期。在20世纪80年代初,财政高度集中的统收统支管理体制转变为财政包干体制,并明确了中央财政和地方财政在农业农村方面的支出重点。中央财政主要承担中央级农业费支出和对地方的特大自然灾害的补助支出。地方财政对农业的投资支出主要是支援农村人民公社建设支出、农业事业费等农村生活方面的开销,以及农业基础设施建设领域的小型农田水利资金。这一时期,由于国家经济发展水平相对滞后,国民收入较低,加上刚刚经过的"文革"的负面影响,不论是中央财政收入还是地方财政收入都较建国初期有所减少,因此,各级政府财政对农业的支持力度都有所减弱,国家财政支农资金投入呈现下降趋势。由于这一时期政府财政对农业基础设施投入不足,农业农村事业呈现发展后劲不强的局面。因此,到80年代后期,中央及时调整了农业投入政策,采取了一系列措施增加和引导地方各级政府对农村农业的投入,加大了对农产品生产的扶持,同时,国家开征了耕地占用税,组织实施大规模农业综合开发,现行的财政支农政策开始形成。改革开放后,农村基础设施投资主体由"政府投资、农民投劳"的单一投资主体向多元化投资主体转变,引入了民间资本等社会力量。但家庭联产承包责任制的推行并没有改变人民公社时期的机制外供给基础设施的制度,这一制度安排能够促进农村私人产品的供给,但却可能削弱集体的积累,造成集体经济力量日渐薄弱、很难组织农民在基础设施领域进行大规模投入;而且在一定的历史背景和条件下产生的制度的自发式变迁,缺乏系统的制度设计,也不是自上而下有计划地实施,这就决定了制度的不完善和发展变迁的不可持续性。

三、第三阶段(1994—2000年),国家支农财政政策调整和完善阶段

随着市场经济体制的日趋完善,市场在资源配置中的决定性作

用日益增强,政府也进行了以转变政府职能为主要内容的行政体制改革,以更好地为社会主义市场经济发展服务。相应的,这一时期的财政支出范围进行了调整,国家将财政支出的投资重点转移到了“三农”支出、教育支出、社会保障支出等公共服务领域。1994 年,国家实施了以分税制为核心的财政管理体制改革;从 1998 年开始,为应对亚洲金融危机带来的负面效应,国家开始实施积极的财政政策,主要依靠发行国债并投资于农村基础设施领域等措施,扶持农村经济发展,提高农民收入,扩大内需,刺激消费。随着市场经济体制的不断完善和公共财政框架的逐步建立,财政支农政策随之不断调整和完善。一方面,通过发行特别建设国债,支持包括重要水利工程、铁路、桥梁、道路以及林业耕地草场的天然保护等建设在内的农业基础设施建设。如 1998 年以来,政府大幅度增加了对林业的投入,重点支持以生态建设为主要内容的天然林资源保护工程(天保工程)、退耕还林工程、京津风沙源治理工程等重点林业项目,取得显著成效。另一方面,增加支援农村生产支出、财政扶贫支出、农业综合开发支出等项目。在增加财政支农投入的同时,在全国范围内开展农村税费改革试点。2000 年率先在安徽省进行农村税费改革试点,中央财政试图通过财政转移支付支持试点省份进行农村税费改革和财政支农改革。这一时期政府财政支农资金总量有了较大幅度提高,反映了当时党和政府对“三农”投入的重视程度;这一时期财政支农资金的结构趋于合理,在继续支持农业基础设施建设、农业抗灾救灾、农业科技进步、农村扶贫开发的同时,加大了对农村牧区生态建设和环境改善领域的支持,加大了对农村综合改革特别是农村税费改革的支持;财政支农的机制和相应政策逐步完善。

四、第四阶段(2000—2007 年),取消农业税,进入“后农业税时代”①

2003 年,党中央提出了“统筹城乡发展”战略,提出要把“三农问题”作为全党工作的重中之重。我国财政支农政策开始实现统筹优

---

① 刘银喜. 后农业税时代农村公共财政体制改革研究[M]. 呼和浩特:内蒙古大学出版社,2007.

化发展的战略性转变。2004年以来,中央先后出台实施了以农业税、牧业税、农林特产税和屠宰税为减免对象的“四减免”和以种粮直补、农资综合直补、良种补贴和农机具购置补贴为补贴对象的“四补贴”,作为主要的国家财政支农惠农政策。2006年1月1日,中国政府废止了《农业税条例》,在我国沿袭千年之久的这项传统税收终结。作为政府解决“三农”问题的重要举措,停止征收农业税不仅减少了农民的负担,提升了农民的公民权利,体现了现代税收中的“公平”原则,同时也开启了“工业反哺农业”的支农模式,中国进入了“后农业税时代”。随着中央对农业投入力度的进一步加大和取消农业税,财政支农工作的指导思想也发生了根本性转变,农民与政府的关系发生了根本性改变。政府把整合财政支农资金、发展现代农业、统筹城乡发展作为财政支农新的着力点,将财政支农的重点由原来的以促进农业生产为目标,转向促进农业农村的全面发展和实现农民生活水平的提高。据统计,2003—2007年,仅中央财政“三农”支出就达1.6万亿元,主要用于农业、农村基础设施建设、生产发展、社会事业发展、防灾减灾等方面。地方各级财政也大幅度增加了支农投入,初步形成了各级财政上下齐动、共同增加投入的良好局面,这是改革开放以来对“三农”投入增加最多、增长最快的时期之一。[①] 但值得注意的是,政府的财政政策,如全面取消农业税与农村税费改革减弱了基层财政的投入能力,地方基层政府随之产生了过分依赖、“搭便车”的心理,故意降低自己的投资比重来获得上级政府的投资,使得农村基础设施投资更多依赖于县级以上财政的投入能力。包括“村民自治”的治理方式以及村民对待集资“搭便车”的心态,也成为制约对农村基础设施建设投资供给的因素,降低了农村基础设施建设的投资力度。

五、第五阶段(2007年至今),政府财政支农投资统筹优化发展阶段

从2007年中央一号文件提出“关于积极发展现代农业扎实推进社会主义新农村建设的若干意见”,到2010年“关于加大统筹城乡发

① 赵鸣骥. 在改革和发展中不断完善的农业财政政策[J]. 中国财政,2008(17).

展力度进一步夯实农业农村发展基础的若干意见”，再到2012年“关于加快推进农业科技创新持续增强农产品供给保障能力的若干意见”，近年来中央系列一号文件都围绕“三农问题”提出指导意见（2011年关于加快水利改革发展同样涉及农业领域）。系列一号文件以及各地对中央解决“三农问题”精神的落实举措中围绕农村基础设施建设仍然是重中之重，与以往不同之处在于投资模式逐步规范，而且从城乡统筹视角来优化农村基础设施的投资。

第四节　农村基础设施供给中各级政府的财政分权状况

自国家产生以来，政府一直是权力和权威的象征，是公共服务和公共产品的提供者，也是公共管理的执行人。随着社会的不断发展以及行政能力的扩张，政府提供的公共产品已经从原有的经济、社会管理与监管方面扩展到教育、文化、科技、环境保护、社会保障与社会福利等一系列有关社会民生的各个方面。在当前农村基础设施建设投资过程中，政府仍将是农村基础设施的主要投资者。农村基础设施具有公共产品的属性，对其投资是政府的主要职责之一。政府对农村基础设施领域的投资主要分为两个部分：一是通过出台相应的“优农惠农”政策及中央政府对当地建设的财政拨款等措施，来实现对农村基础设施领域的投资；二是地方政府根据本地区独特的区域条件，发展具有本地特色的农村经济，使财政对农村基础设施投资做到合理分配，提高各项投资的利用率。

一、中央政府对农村基础设施领域的投资机制

政府具有资源配置、收入分配与稳定经济等多项经济职能。就中央政府而言，其资源配置方面的职能主要是提供全国性和跨区域性公共产品，成为全国性和跨区域性公共投资活动的主导力量。中央政府作为全国性和跨区域性公共投资活动的主导力量，表现在如下几方面：一是中央政府承担着全国性和跨区域性公共产品生产投资的大部分筹资责任；二是中央政府对全国性和跨区域性公共投资

活动进行全局性布局规划和决策，并制定全国性公共投资战略；三是中央政府通过经济政策引导全国性和跨区域性公共投资活动的区位与产业选择，使不同项目、不同规模、不同区位的公共投资能够相互协调，防止不合理的重复投资和低效率投资现象；四是中央政府在全国范围内协调不同区域的公共投资活动，使不同地方政府的公共投资活动相互协调，形成合理的分工合作关系；五是中央政府对全国性公共投资活动进行调控和管制，引导私人投资和外商投资活动，使公共投资与私人投资相协调。① 中央政府通过改革农业税费、加大农业基础设施建设的投资力度、优化财政对农业支出的结构等方面对农村基础设施领域进行投资，其具体表现为：

（1）国家财政投入。国家财政资金是农村基础设施建设的主要来源，农村基础设施的建设、维护与完善主要依靠财政支农资金。但现实的问题是，我国财政的支农资金长期不足，改善农业生产条件的效果不显著。尤其一些关乎农业发展全局的基础性、战略性和公益性项目，如农产品质量改良、重大病虫害防治、农业执法体系建设和社会化服务体系建设等，都缺乏足够的投入保障。另外，基层政府的各职能部门分管着名目各异的财政支农资金，致使投资决策和资金分散使用，再加上财政支农资金的按时到位率低，使财政支农资金难以发挥出整体效益。

（2）在全国范围内取消农业税。2006 年是中国农业发展史上划时代的一年，是中国农民告别过去，迎来崭新起点的一年。2006 年 1 月，中央政府正式在全国范围内实行农业税制改革，改革的重点在于取消农业特产税。经过党中央、国务院多年来连续不断地进行农业税减免的试点尝试，直至 2006 年 1 月，中央政府出台全面取消农业税的政策。这一政策将在中国实行了两千多年的农业税制度送入历史博物馆，并从根本上变革了传统的国家与农民的分配关系。中央政府对农业税的取消，更加有利于农民减负增收、休养生息，提高农民的生活收入，促进农村各项公共基础设施的建设，推进相关产业的发

---

① 徐梅. 论政府在西部农村基础设施建设投资中的分工合作[J]. 天府新论，2005(3).

展,为更好地解决“三农”问题打下良好的基础。

(3) 加大财政对农业的支出力度。农村基础设施建设离不开大量的资金投入。近几年,中央政府不断增加“三农”资金的投资总量,以提高对农业基础设施建设的投入,并主要用在了农村地区的经济发展、基础设施建设、自然灾害防护、生产力和社会事业发展等与民生产业相关的公益项目。同时也带动了地方各级政府对于农业建设投资方面的积极性,地方财政对相关农业发展的投资也随之大幅度增加,初步形成了从中央到地方,在同一目标指引下,各级财政上下齐动、合力增加对农业与农村基础设施建设投资的良好局面。

(4) 不断完善中央财政对农业的支出结构。中央政府对农业的支出结构的改善,主要是希望农业及农村基础设施建设朝着两个方向发展:一是农业经济的发展要符合市场经济的发展要求;二是要符合公共财政原则。其主要内容包括以下几个方面:首先,减少对农业生产领域的支持比重,主要减少的是对农产品生产领域的投资份额;其次,加强对农村基础设施建设、农业科技推广、农业生产的抗灾救灾、农村扶贫开发和生态环境保护等的支持。中央政府将农业投资的重心由集中力量搞生产转变为既抓经济生产建设又抓保障建设、社会事业建设等,统筹全局,总体规划。在财政支出结构上中央政府的政策向农村基础设施建设方面倾斜,给予农村基础设施投资理论政策上面的支持,是农村基础设施建设投资有章可循的重要保证。

(5) 建立对农民的直接补贴制度。从 2002 年开始,中央财政开始实行良种补贴制度,并不断完善补贴品种,扩大补贴范围。中央政府在对粮、棉、油等主要农作物实行良种补贴的同时,还出台了生猪和奶牛良种补贴政策。2004 年,中央财政设立农机购置补贴专项资金,支持农民和农机服务组织购置农业机械,提高农业机械化生产水平和农产品生产效率。与此同时,国家财政调整了粮食风险基金使用结构,对种粮农民实行直接补贴。2006 年,针对部分农业生产资料涨价过快的问题,又对农民实施农资综合直补。此外,这一阶段还出台或继续实施其他一些直接补助农民的政策,如退耕还林农民的补贴、能繁母猪和后备奶牛饲养补贴、义务教育“两免一补”、新型合作医疗补助等政策措施。[①] 中央政府建立的对农民的直接补贴,减轻了农民的生产生活负担,让农民有更多的能力丰富自己的生活,从仅仅是维持温饱的最低生活状态,逐步发展到现今的追求物质生活、精神生活等多方面的状态。可以说,中央政府的补贴让农民产生了对农村基础设施的需求向往,也使其有机会、有能力使用和消费政府兴建的农村基础性设施,这让农村基础设施产生了供需关系,相应提高了农村基础设施的消费使用率,让农村基础设施建设投资变得有意义。

(6) 将农村社会事业发展纳入公共财政的保障范围。随着国家经济的不断发展,中央政府把农村的教育、卫生、文化等社会事业纳入财政支持范围,通过国债资金增加对农村公共基础设施建设的投入。目前,以支持粮食生产、促进农民增收、加强生态建设、推进农村改革、加快农村教育卫生文化发展等政策为主要内容的财政支持"三农"政策框架体系已经显现。[②] 农村事业健康有序的发展是中央政府"优农惠农"方针政策的最好体现,也是检验政策实施有效性的最好手段。农村基础设施建设被纳入公共财政的保障范围能最大限度地保证基础设施建设资金供给,防止因资金链断裂而造成的基础设施产品或服务的供给不足。

二、地方政府在农村基础设施领域的投资机制

随着社会经济的整体发展,地方财政收入也相应增加,因此,在农村基础设施建设方面,中央财政逐渐将建设的主要任务交予地方政府,地方财政开始扮演起农村基础设施建设投资的主要角色。但是,从总体情况来看,虽然地方财政是支持农业基础设施建设的主角,但地方政府对农村基础设施建设的财政支出在地方政府本级财政支出中的比例却不断下降,且降幅较大,由 1991 年的 9.61% 降至 2000 年的 6.65% 。地方政府是地方公共产品、公共服务的主要提供者,也必然是公共产品和服务的主要投资者,其对农村基础设施建设投资主要包括以下几个方面。

---

① 赵鸣骥. 在改革和发展中不断完善的农业财政政策[J]. 中国财政 2008(9).

② 同上。

（1）地方政府对投资活动进行区位选择与产业引导，引导私人投资活动，扩大筹资规模。地方政府具有提供地方公共产品和从事地方公共投资活动的职能，是地方公共投资的重要主体。在层级化政府经济体系中，地方政府是本行政管辖区内公共投资活动的首要筹资者，承担促进区域资源优化、推动区域经济发展的责任。地方政府通过对农村基础设施建设投资项目的区位选择和产业引导进行规划和决策，以便制定本地农村基础设施建设的政策和投资发展战略。地方政府的筹资能力和预算支出直接影响着地方公共投资的规模与结构。

（2）地方政府对本地农村基础设施建设的投资活动进行干预和管制，是实现区域经济社会发展目标的工具。地方政府通过制定和出台一系列法律、法规以及行政规章、制度、条例，对农村基础设施建设投资进行干预、管理，保证资金筹集过程、投资过程、建设及后期评估过程的合理性和合法性。对违法、违规操作、寻租、“搭便车”等行为予以严肃处理，赋予公共投资以公平公正的法律环境，使其有法可依、有章可循。

（3）地方政府在公共投资过程中需要与中央政府或其他层级的政府进行协调与磋商，以便为本地的公共投资创造良好的外部环境。地方政府作为人民与中央政府的中介，要做好纽带作用，既要积极协调中央与地方上下级之间的关系，又要处理好地方与地方区域之间的关系，为农村基础设施建设和农村经济发展创造良好的外部投资环境。

（4）地方政府通过引导私人经济活动能为地方公共投资创造良好的市场条件，并优化地方公共投资环境。通过地方公共投资以促进区域经济发展，是地方政府重要的经济职能。地方政府引导私人经济活动，在帮助私人经济活动积极健康发展的同时，将私人的投资方向引向农村基础设施建设上来，并提高私人对农村基础设施建设投资的回报率，培养私人对公共投资的积极性，实现私人经济利益与公共社会利益双赢的社会主义农村基础性建设的新局面。

三、地方政府在农村基础设施领域的投资实践：以内蒙古为例

随着我国改革开放的不断深入以及国民经济分配格局的变化，

地方财政对于农村基础设施建设投资、投入逐渐呈现出多层次、多渠道、多形式的新格局。本小节以内蒙古自治区财政对农牧区基础设施建设投资的主要措施为例，作一简要介绍。内蒙古自治区对农牧区基础设施建设的投资针对农牧区的特殊环境与特殊地位，努力做到因地制宜，它主要包括以下几个方面：

（1）内蒙古自治区在国家财政预算内安排资金对农牧业基础设施建设的投入。主要包括：支援农业生产支出和农林、水利、气象等各部门事业费，农业综合开发支出及农林、水利、气象基建支出，农林、水利、气象科技三项费用，不发达地区发展资金用于农业部分，扶贫贴息资金等。内蒙古自治区农业综合开发自 1989 年立项以来，已经连续实施四期项目计划。[①]

（2）有偿滚动财政支农周转金，建立财政支农周转金。针对财政支农周转资金的短缺与不足局面，内蒙古自治区将财政支农的资金进行有偿滚动，把一部分闲置的资金用于其他经济型投资当中，并从中获益，增加自治区财政投资农业基础设施建设等一系列建设的资金总量。这种“以钱生钱”的方法，在一定程度上缓解了预算内支农资金不足的问题，解决了地方政府在公共投资方面的困难。

（3）根据政府有关规定，建立各种基金，为增加农牧业投入提供可靠的资金来源。在“八五”期间，自治区为了有效地筹集畜牧业建设资金，加大对草原畜牧业的投入，建立了“畜牧业发展基金”，主要采取“取之于牧，用之于牧”的办法，适当调整牧业税税额，新增加的牧业税收入 10% 用于牧区的教育卫生、文化事业等，5% 用于牧业税征收经费，其余 85% 全部作为畜牧业发展基金，集中用于种草、改良草场、围栏、棚圈建设、饲草料加工以及牲畜改良等方面。进入“九五”期间以来，自治区党委、政府决定再次对农业税、牧业税进行调整，规定新增加的农业税、牧业税收入的 70% 用于农牧业基础设施建设，30% 用于农村牧区公益事业。此外，自治区还在“十五”“十一五”

---

① 张心灵，赵益平，梁润秀，孟繁杰，张利利．谈自治区财政投入与农村牧区经济发展[J]，内蒙古农业大学学报，2000(9)．

期间先后建立了扶贫周转基金、少数民族地区温饱基金、水利建设基金、乡镇企业发展基金。这些基金制度的建立,为自治区筹集资金、增加农牧业投入提供了可靠的资金来源。

第五节 我国农村基础设施投资现状及现有财政分权的局限性

一、我国农村基础设施投资现状

1. 政府财政在农村基础设施建设投资方面绝对规模不断扩大

政府财政用于农业的支出总量是衡量政府对农业支持程度的重要标志,也是检验政府履行其职能的重要指标。改革开放以来,国家的资金分配政策发生了重大调整,不利于农业发展的财政支出格局有所改善。改革开放至今,我国财政在农业方面的支农支出从150.66 亿元增加到 1231.54 亿元,年均增长 10.02%,慢于年均12.80% 的财政支出增长速度。财政性农业投入规模与农业在国民经济中的基础地位不吻合。① 随着近几年国家财政支出总量的提高,财政支农支出的绝对规模也不断扩大。特别是自 2004 年中央连续发布以"三农"为题的中央一号文件以来,财政支农支出总额增加幅度更加明显。从财政支农支出占整个财政支出的比重来看,其呈现出明显的波动性特征。1978 年至 1985 年间,财政支农支出占财政支出比重呈下降趋势;1986 年至 2003 年间,财政支农支出占财政支出的比重呈现出先上升后下降的趋势;2004 年至 2010 年,财政支农支出占财政支出比重再度呈上升趋势。总体而言,从 1978 年到 2006 年这一比重主要在 5% ~7% 之间波动。近几年,由于中央对"三农"问题的重视,2010 年财政支农支出占财政支出的比重达到 9.05% 。②

---

① 齐林. 我国财政支农支出结构及其优化分析[J]. 贵州农业科学,2003(6).

② 胡东兰,田侃,夏杰长. 中国财政支农支出对农村居民消费影响——实证分析与政策建议(上)[J]. 财政研究,2013(1).

2. 政府财政在农村基础设施建设领域的投资不足

近年来虽然财政在农村基础设施建设领域的投资有所增加,但由于政府对农业基础设施投入的历史欠账太多,农业基础设施建设的财政投资总量仍然不足,远远不能适应现代农村经济发展的要求。财政支农支出结构的不合理也降低了财政支出的效益。我国财政对农业基础设施和农业科技事业的投入不足,影响了农民生活水平的提高以及农业科技领域的创新发展,严重制约了农业生产技术的提高和农村居民社会保障体系的建设与完善。这两方面正是我国农业未来发展的主要技术约束因素,农业基本建设支出增长缓慢,应该引起高度重视。

3. 政府财政对农业科技三项的支持不足,农业科研没有得到应有的重视

我国政府支出的农业科技三项费不仅绝对额较少,而且其占全国科技三项费的比例也大幅度下降;同时,农业科技三项费占财政支农支出的比重大大低于全国科技三项费占全国财政总支出的比重。由于科技投入较少,科技在农业发展中的作用受到限制。

二、现有财政分权的局限性

探究上述现状的原因,不难发现,我国农村基础设施投资现状与我国现行财政分权体制密切相关。现阶段,我国政府对农村基础设施投资的主体主要有两个部分:中央政府投资和地方政府投资。近年来,政府对农村基础设施投资高度依赖中央政府,地方财政农业支出比重呈逐年下降趋势,这样的财政分权机制在一定程度上缓解了地方的财政投资困难,但也加重了中央财政的负担。它的局限性仍然不可忽视,这集中表现在以下方面。

1. 加重了中央财政支农投资的负担,中央财政对农村基础设施投资支出份额降低

我国是一个人口大国,也是一个农业大国。从我国农业发展的自身特点与国家、人民对农业发展的实际需要上看,中央政府理应对农业发展承担最大的责任。事实上,改革开放以来,中央政府也在努力逐年加大财政支农的力度,地方政府对农业基础设施的投资比例相应逐年下降,但是,从我国现阶段国情上看,正处于经济建设发展

上升时期的中国,不容许中央政府通过缩小其他产业投资来满足农业农村建设的投资需求。虽然一些资料显示,目前世界上许多国家的中央财政支农支出占全部财政支农支出的比重高于中央财政占全部财政支出的比例。[①] 而近年来随着分税制改革的实施,中央财政与地方财政支农支出在财政支农支出总额中的比例却基本未发生变化。从数据上讲,我国对于支农投资的比例确实比较低,但是结合我国现阶段的国情来看,我国正处在经济建设与社会发展的关键时期,各种建设项目相继上马,进入21世纪,国家的社会保障、卫生医疗服务覆盖了全国90%以上的居民,城镇农村居民最低生活保障金逐年提升,都需要中央财政大量投资,以保证各项建设的顺利进行。对农村基础设施的建设投资过分依赖中央政府,就会增加中央政府的财政负担,导致降低中央政府对农村基础设施投资比例。

2. 财政支农资金的使用效率不高

我国政府对农村基础设施的投资主要依赖中央政府财政,中央政府投资大多处在宏观层面,一些投资不科学也不合理;再有,中央政府投资是全国范围内的,很难逐一进行定期审查,导致一些地方有投资而无成效,甚至一些投资被挪作他用,成为贪污腐败的温床,因此,财政支农资金的使用效率并不高。我国现阶段,收入分配机制不规范,缺乏一种与市场经济相适应的农村公共事业筹资体制,使得农村中的低税高费、以费代税现象非常普遍,同时,对于投资的监督与反馈机制还不完善,很多建设项目只看到初期投资而后期的审核却看不见。在投资方面,政出多门,且各部门之间缺乏统筹规划,低水平重复建设的现象也就不可避免。另外,目前的农业投资政策基本上是单一的技术决策,缺乏经济、财务核算,对农业项目投资存在财务软约束,导致对农业项目投入普遍缺乏科学的投资预算决策分析,造成大量低效项目的投入而使资金使用效率大打折扣。

3. 农村基础设施建设针对性较差

中央财政对农业基础设施投资是在宏观层面上作出的,因此不能很好地贴近各地农村基础设施建设实际情况,针对性较差,往往

① 齐林. 我国财政支农支出结构及其优化分析[J]. 贵州农业科学,2003(12).

"一风吹,一刀切",不能做到从实际出发。我国幅员辽阔,农村地区的覆盖率相比较其他国家更大,各地区农村所处的区位环境、经济基础、人文历史文化环境不同,当地农村地区所需的基础设施建设也各不相同。中央政府根本无法全面调查得出各地对于农村基础设施的实际需求,只能在宏观层面上决定农村基础设施建设项目,但由于各地农村经济建设发展快慢情况不同,同一种中央财政投资的基础设施在不同地区的需求程度不同,一些地区急需的公共基础设施,在另一些地区则成为可有可无甚至是冗余的产品。中央财政对农业基础设施的投资针对性差,产生大量无用产品,基础设施利用率低是现阶段农村基础设施投资高度依赖中央政府财政所产生的直接后果。

4. 农村基础设施建设、投资、审核、批准层级复杂,效率低

中央财政对国家的各项建设投资都要进行逐级核算、提交、批准、下达等复杂的财政审核行政过程,用时长,程序复杂,效率低下,造成时间上的浪费;一些紧迫的基础设施往往由于审批时间长而延误,最后造成严重后果,给当地农村经济、社会发展造成极大的不便。中央政府对农村基础设施投资审核程序的复杂性,是农村基础设施建设不能有效进行的瓶颈。

5. 减轻地方财政困难,诱发"搭便车"现象

农村基础设施投资由中央政府承担,减轻了地方财政的困难,但与此同时,也让地方政府产生了依赖心理,"搭便车"现象随之产生。

第八章　政府对农村基础设施投资的资金来源及保障机制

面对我国财政分权体制的现有局限性，我国财政支农政策仍需进一步完善。“十五”“十一五”“十二五”划纲要强调，要始终把农业置于发展国民经济的首位，要把加强农业基础地位与增加农民收入作为政府经济工作的首要任务。为此，应从国家经济宏观层次上，合理调整国民收入分配格局，在财税体制改革方面取得突破性进展，增强对农业和农村经济发展的扶持力度；从微观层面上，调整好中央政府与地方政府以及地方各级政府之间的财权与事权关系，将农村基础设施投资由高度依赖中央政府，向以地方政府投资为主导的投资模式转移，同时发展多元化的投资模式，丰富我国农村基础设施建设投资主体，扩大投资规模，加强投资政策执行力。具体而言，应从以下几个方面着手进一步优化财政支农支出结构。

第一节　拓宽政府对农村基础设施投资的资金来源渠道

一、加大地方政府投资力度，确保农村基础设施投资稳定增加

针对我国农业发展财力不足的现实问题，政府必须增加农业投资总量，加大财政支农力度；基于我国农村基础设施投资主体高度依赖中央政府的现状，应该在保持中央政府投资力度的同时，加强地方政府投资当地农村基础设施的力度；明确国家每年财政投入农村基础设施建设的比例和增长幅度，划定各级政府的具体投资责任与义务，监督中央政府和地方政府的投资执行行为，评估投资收益；要保证国家对农村基础设施建设投资占农业支出总量的比重逐年上升，并确保财政资金向农业流动。

二、调整财政支农结构,加强对农村基础设施建设研究的投入

农村基础设施投资要依托基本国情与当代世界发展局势,要依据我国现阶段农业发展中的制约因素和农业发展的战略目标调整财政支农资金的配置结构,扩大对农业基础设施和农业科技的投入规模,以提高财政资源的配置效率。一方面,改善农业生产条件,提高农业的抗灾能力;另一方面,增加农业生产的科技含量,提高农业的生产效率与农民的劳动效益,提高农业应对世界物资调配的能力。

三、加强基础设施建设资金管理,提高使用效率

在财政支农工作中,尤其是农村基础设施建设投资过程中,以效率优先原则为指导,建立约束机制,确保政府农业投资及时、足额到位;对政府财政支农资金实行统一管理,明确农村基础设施建设投资主体权责,并建立相应的权责保障和追究机制;加强对政府财政专项支农资金的招标投放工作,针对不同地区对基础设施的需求建立相应的专项项目,有目的地解决农村基础设施供给不足的问题;对政府农业投资实行目标成果管理,强调农村基础设施的建设成效和使用效率,使政府对农村农业基础设施的投资行为逐步制度化、科学化和规范化。

四、推动农村基础设施投资行为与金融活动相融合

在当前我国财政投资农村基础设施方面,没有明确区分公共投资和经营投资的界限,主要都是直接性的项目投资,未形成财政与金融的有效互补,财政支农体制与金融体系严重脱节。因此,依照市场经济发展的内在要求,理顺财政支农体制机制,进而完善农村基础设施的投融资体系变得迫在眉睫。财政支农机制中存在的主要问题是资金使用的错位和低效率。在市场经济条件下,财政投资要以公共支出为主,兼顾效率与公平。但目前农村投融资市场体系的发育被大量进入经营领域的财政支农资金所抑制,所以财政支农必须改变现有的投资机制。由于农村金融环境相对较弱,单纯的商业性金融不可能在市场框架下改善农村现行的金融体系,所以必须要发挥政

策性金融的筹资功能，缩小农村投融资缺口。农业发展银行要借鉴国际通行的信贷投放做法，调整其支持农业发展的金融方式，使信贷投放符合“绿箱”政策的规定，调整和突出其重点支农的方向，以使财政职能和银行职能有效互补。此外，还应促进商业性金融的参与，进而创新农村金融体系。同时，树立牢固的科学发展观，切实落实统筹城乡经济社会一体化发展的方针，不断完善财政支农政策，创新财政支农机制体制。

五、大力引进民间资本——PPP 模式和 BOT 模式的运用

PPP 模式是这样一种生产和提供公共服务的制度安排，即公共部门和私人实体通过共同行使权力、共同承担责任、联合投入资源、共同承担风险、共同分享利益的方式，生产和提供公共产品和公共服务。其最重要的特征表现是：公私组织通过合作追求共同的或者一致的目标；协作的基础在于相互的利益；强调风险和责任的共担。农村基础设施建设项目由于具有比较强的外溢性，投资额大、投资时间长、存在巨大的沉淀成本，因此激励机制的作用发挥得不理想。同时，这些项目由于具备一定的自然垄断性，在客观上需要强调政府主导、私人参与，以实现社会福利和效益的兼顾。如果以 PPP 模式建设并管理农村基础设施和公用事业，其管理效率则有望得到大幅度的提高，尤其适合农田水利设施等具有混合公共产品性质的农村基础设施的供给。

BOT 模式是与我国区域经济发展水平密切相关的新型服务模式，可使公众得到更好的服务，对我国农村基础设施建设会产生积极的影响；不构成政府外债，政府不必为偿还债务而苦恼，并将项目的部分风险转移给了私营发起人；使投资主体多元化，打破单一投资体制形成的对农村基础设施建设的垄断局面，改善农村基础设施投资结构，形成农村基础设施投入稳定增长的机制。但 BOT 模式中，民营企业往往由于缺乏相互沟通协调而造成投资项目前期工作周期过长；由于目前缺乏实力强的私营机构及配套设施，在特许权规定的期限内，私营机构负责建设、经营，政府无法获得收益，也无法考虑农村

基础设施的公益性，导致消费者剩余减少。[①] 因此，BOT 方式现在还不宜在全国全面推广，仅比较适合发达地区的农村基础设施建设。

第二节　完善政府对农村基础设施投资保障机制

一、完善现行财政制度，统筹城乡基础设施建设

按照统筹城乡发展的思路，构建和完善我国层级化的公共财政体制与体系，需要把提供农村公共产品纳入财政制度框架内，使农民和城镇居民一样能享受到由政府提供的公共产品和公共服务。为此，首先要完善分税制财政体制。在增强中央财政收入和经济宏观调控能力的基础上，兼顾地方财政收入状况，强化地方财政投资农村基础设施的力度。通过对地方税种进行分类，以适当扩大地方财政收入范围，并扩大地方政府的收入分配主导权，尤其要保障乡镇财政有必要的收入来源。其次，要科学界定各级政府的财权与事权。一般说来，属于全国性的农村公共产品，要由中央财政供给；属于地方性的公共产品，由地方财政供给，并要适当扩大地方财政的投资范围和责任范围，减小中央政府对于农村基础设施的投资比重。相应的，对于地方性公共产品的供给，也要作出财权和事权的合理界定。[②] 具体说来，我国中西部欠发达地区、偏远农村地区财政严重困难，作为农村基础设施主要的投资主体，政府的投资和对县乡的财政职能需要进行重新定位，加大中央财政的转移支付力度，明确地方政府近期在这些地区财政支农中的主体地位，以保证这些地区农村公共产品能够稳定和以较快的速度增长。

二、建立健全农村基础设施多元化投资机制

健全农村基础设施投资体制，需要进一步统筹规划，改善引导机制，优化投资环境，渐渐形成公共财政投入加大、村集体经济投资增

---

① 贾敬全，卜华. 公共物品理论视角下的农村基础设施投资模式刍议[J]. 青海社会科学，2011(4).

② 张开华. 试论财政支农政策创新[J]. 农业经济问题，2005(3).

加、金融机构信贷扩大、民间资本广泛参与的多元化和多层次的可持续增长型的农村基础设施建设投资机制。多渠道吸引民间资金投资农村基础设施。对于一些有营利空间的基础设施项目,要及时放宽政府管制和市场准入门槛,不同程度地向民间资本开放。创新管理体制,极力吸引社会资金参与基础设施的兴建、运营与管理,逐步形成由政府投资引导的多渠道、多元化投资体系。通过以下方法建立多元化的农村基础设施投资机制:首先,搭建村企结对平台,充分调动民间资本。政府要积极为工商企业参与农村基础设施建设搭建平台,鼓励工商企业为农村基础设施的兴建捐赠物质,引导民营企业资本逐步从资金援助向资源开发和经济项目合作等深层次的互动合作过渡,使民营资本参与农村基础设施的建设更趋多样化和长效化。其次,创新融资模式,吸引民间资本。对于那些有利润空间的中短期基础设施投资项目,可以灵活地依据不同的项目,制定差异化的投融资政策,并坚持“谁投资、谁经营、谁受益”和“共担风险、共享利益”的原则,鼓励和吸引社会资本与私人资金的投资,运用类似于公私合作伙伴关系模式等机制,不断创新各种投融资模式。在农村的公共交通、安全饮用水、沼气能源、垃圾处理与民办教育等基础设施建设领域中同样可以运用城市基础设施投资与建设模式。

三、完善支农资金整合机制,充分发挥基层财政的支农作用

按照“既积极、又稳妥;既整合、又管理”的原则,推进支农资金整合。坚持以县为主的整合制度,创新财政支持方式,建立资金整合奖补制度,从制度设计上促进形成县级支农资金整合的内在机制和动力。坚持通过项目带动省级整合,探索建立省级支农资金整合的长效机制。坚持推进项目审批权限下放,在中央财政继续实施支农项目审批权限下放到省级的同时,重点研究推动省级将支农资金项目审批权限下放到县级,充分发挥基层财政的支农决策作用。

四、综合运用财税政策支持农村基础设施建设发展

1. 财政政策的择机使用

针对农村基础设施的特殊性及其存在的现实问题,当前可以采

取政府直接投资与财政补贴相结合的政策组合。与其他投资相比，财政直接投资便于从社会效益和社会成本角度评价和安排，能极大地提高国民经济的整体效益。财政直接投资方法也是政府投资农村基础设施的国际惯用方法之一。自20世纪60年代以来，法国用于国土整治活动方面的财政支出大幅度增加；美国政府的财政直接投资对于减少风蚀，保护农业生态环境发挥了积极作用。联邦德国为解决各地经济发展不平衡、贫富悬殊大的状况，制定并实施了财政平衡政策，从而保障各地农业水平达到相对平衡的目的。[①] 值得注意的是，我国的国情决定了地方政府才是最主要的财政投资的主体。财政补贴是财政投资的后备力量，在农村基础设施投资过程中发挥着重要作用。财政补贴是一种影响相对价格结构，从而可以改变资源配置结构、供给结构和需求结构的政府无偿支出。它作为一种有效的经济调节手段，在农业发展中是十分必要的，具有积极的作用。补贴相对于财政支出而言比例较小，根据农村基础设施的公共属性，这类补贴可以由中央政府承担。

2. 税收政策的配合使用

税收作为国家对农业农村基础设施投资的来源之一，可以从以下两个方面来开展：征收保护农业税与实施税收优惠。一些国家为保护和支持农业发展，对影响农业生产的单位和个人征收高额税款，以便筹集财政资金，增加地方财政收入和中央对地方的税收返还性收入，更好地建设农村基础设施，保护农业生产环境，增强农业的发展能力和农村社会的可持续发展力。绝大多数国家都将此措施作为鼓励和刺激资金向农业生产和农业基础设施建设领域流动的主要手段，具体包括减免税收、比例退税、特别扣除及投资减税或加速折旧等形式。对我国来说，发达国家的做法和经验无疑有很多可借鉴之处。我国在财政直接投资、财政贴息和担保贷款、实行更优惠的税收政策以及推进农村税费改革等方面都大有可为。按照公共财政的要求，建立健全财政支农体系，理清现有财政支农政策和法规，尤其是加入 WTO 后，对“黄箱”政策（主要是指与产量、价格因素挂钩，会影

① 苏丹.加强和改善财政支农的思考[J].长春师范学院学报，2004(9).

响市场机制的政府补贴)的压缩和对“绿箱”政策(主要是指那些不引起贸易扭曲,可免于减让的政策,如农业研究开发、病虫害防治、农民培训等等)的增强,将对中间环节的支持转向直接生产者,增加对农民个人的投入,调节支出结构,以提高财政支农资金的使用效益。[①]

五、强化公共财政投资农村基础设施的监管机制

中央政府和地方政府投资农业和农村基础设施的资金数量有限,要想充分发挥资金使用的效益,就必须要完善支农资金监管制度,使财政支农支出走上规范化、法制化轨道,做到每项投资都有严格的审核程序,合理合法,对于违规操作的行为予以严肃处理。具体而言,主要应采取以下几项对策:

(1) 加强针对农村基础设施投资的财政预算编制管理。确保政府特别是地方政府支农资金占财政总支出的比例,必须加强预算编制管理,加大人大专门机构对财政投资预算(草案)的审议力度,加快编制年度预算的步伐,以利于进一步细化支农项目,增强预算的公开性和透明度,维护法定预算的严肃性,以确保支农资金的比例和数量。

(2) 通过政府采购改进财政支农资金的管理机制。政府采购是政府及法律规定的其他实体以法定方式向社会采购物资、工程或服务的一种经济行为。对农村基础设施投入资金的使用项目,如农田水利灌溉、大江大河治理、主要堤坝和旱涝灾害防护系统等农业基础设施建设,可以采用政府采购的方法,运用经济、法律、行政三种手段对预算支出实行全程管理和监督,改变现在的支出指标分配到部门后就不再过问资金使用效果的状况;采用政府采购可以规范政府采购行为,起到节约预算资金、降低采购成本、防止重复购置、优化资源配置和抑制腐败现象、防止支农资金被占用和挪用等重要作用。加强财政支农资金检查验收制度,确保资金使用到位,应杜绝损失浪费,提高资金使用效益。

(3) 完善财政内部监督、审计监督与社会舆论监督相结合的财政支农资金监管体系,要明确界定监管体系各构成部分的职能,做到

---

① 苏丹. 加强和改善财政支农的思考[J]. 长春师范学院学报,2004(9).

责、权、利相统一。各级政府的财政部门要加强对本级政府财政支农资金的管理,项目资金和支农专项资金实行目标管理,一律实行资金使用报账制,在资金使用不当时,要及时纠正,依法行事。建议各级财政部门相对于本级政府要有相对独立性;加强人大对各级财政部门的监督,人大的财经委要发挥应有的作用,要参与经常性的监督活动;加强社会舆论监督,各级政府要增加财政支农资金的使用透明度,实行公开制,接受广大农民的监督。广大农民可以通过成立农业行业协会来维护自己的权益,监督支农资金的使用情况。

(4) 建议成立专门的财政支农监督管理机构。中央、省级财政支农资金很难直接转到农民手中,经过各级政府后所剩无几,很多款项不能专款专用。如果能在财政部门或农业部门独立出一个管理专项支农款项的机构,就能保证支农资金快速、准确地到位,特别是在乡镇基层,建立专门管理机构能起到较强的监管作用。这些机构专门负责农业项目评估、支农资金预算编制(草案)、项目招标、资金使用,及时调整资金,使支农资金发挥最大效益。

结　语

农村基础设施建设是国家农业发展程度的指向标，也是政府对农业投资力度高低大小的重要指标，而作为一个农业大国，我国农业的发展和农村基础设施的建立与完善，更能体现政府对农业和农村经济发展的重视程度，有利于农村社会的安定、农民收入的增加。我国从建国至今，政府在农业农村建设方面投入很大精力，中央政府的财政投资一直都是农村基础设施建设的主要投资渠道。随着全国经济的发展和国家财政税收的增加，每年中央财政对农村基础设施投资的总体规模（总额）也相应递增，但是，地方政府作为地方农村经济建设的主体，在这方面承担的责任却越来越少，存在高度的依赖性。一些地方政府甚至把当地农村基础设施投资全部交由中央财政承担，地方“搭便车”现象屡见不鲜，这无形中造成了中央财政负担增加，也影响了农村其他方面的建设进度，阻碍了农民收入的增加和生活水平的提高。因此，做好农村基础设施投资过程中各级政府的财政分权工作，调节好财权与事权的对应关系，建立完善的财政投资监督机制，发展多元化主体投资模式，对处理好农村基础设施投资过程中各级政府之间的关系发挥着重要的作用。要从多方面保证农村基础设施投资过程的顺利进行，做到经济手段、法律手段和行政手段相结合，借鉴国外的投资经验，探索符合我国基本国情的新型投资模式，保证我国农村基础设施建设投资机制健康平稳地发展。

参 考 文 献

[1] 徐小青. 中国农村公共服务[M]. 中国发展出版社,2002.
[2] 格罗弗·斯塔林. 公共部门管理[M]. 上海译文出版社,2003.
[3] 黄恒学. 公共经济学[M]. 北京大学出版社,2010.
[4] 孙柏英. 当代地方政府治理[M]. 中国人民大学出版社,2004.
[5] 任强. 公共服务均等化问题研究[M]. 经济科学出版社,2009.
[6] 孙晓丽. 中外公共服务体制比较[M]. 国家行政学院出版社,2007.
[7] 陶勇. 农村公共产品供给与农民负担[M]. 上海财经大学出版社,2005.
[8] 毛科军. 中国农村产权制度研究[M]. 山西经济出版社,1993.
[9] 江世银. 西部大开发新选择——从政策倾斜到战略性产业结构布局,中国人民大学出版社[M],2007.
[10] 贾康,孙洁. 新农村基础设施建设中 PPP 模式的应用[J]. 地方财政研究,2006(5).
[11] 高海翔."公司部门伙伴关系"模式:新农村基础设施供给的新选择[J]. 财经理论与实践,2007(2).
[12] 刘天军. 分析农村建设中农村基础设施建设的管理初探[J]. 经济问题,2007(6).
[13] 国务院关于鼓励和引导民间投资健康发展的若干意见,2010 年 5 月 7 日.
[14] 刘雨果. 新公共管理的基本特征与主要模式[J]. 经济观察,2009(9).
[15] 赵卫东. 国有大中型企业产权多元化改革研究报告[J]. 中国工业经济,2009(10).
[16] 游黎. 财政投入资金不足 农村基础设施建设仍待加强[N]. 河南日报(农村版),2006 年 3 月 16 日.
[17] 王奎泉. 现阶段中国农村公共供给中的政府行为选择[J]. 农业经济问题,2005(4).
[18] 侯军岐. 基于项目管理的农村基础设施建设与管理研究[J]. 农业经济问题,2006(8).
[19] 卢忠宝,肖杰. 中国农村基础设施建设与管理探讨[J]. 北方经济,2006(10).

[20] 王广起,张德升. 中国农村基础设施供给机制的完善与创新[J]. 经济纵横,2006(5).
[21] 杨林,韩彦平,孙志敏. 公共财政框架下农村基础设施的有效供给[J]. 宏观经济研究,2005(10).
[22] 陆迁. 民间资本介入农业基础设施领域的探讨[J]. 中国农业大学学报(社科版),2006(4).
[23] 田永胜. 内蒙古通讯30年:从"贵族"到"平民"[N]. 内蒙古日报,2008年9月18日.
[24] 马君,李哲. 基于博弈论的个人所得税逃税行为分析[J]. 企业技术开发,2009(12).
[25] 郭励弘. 民间基础设施投资三大障碍[R]. 国务院发展研究中心技术经济研究部报告,2002(1).
[26] 马晨山,成功. 三晋大地新型工业化道路的比较与选择[J]. 中国供销合作经济,2004(12).
[27] 邓淑莲. 国外基础设施私有化及其效率研究[J]. 世界经济研究,2006(11).
[28] 林万龙. 乡村社区公共产品的制度外——筹资:历史、现状及改革[J]. 中国农村经济,2002(7).
[29] 陈锡文,韩俊,赵阳. 中国农村公共财政制度研究[J]. 宏观经济研究,2005(5).
[30] 董筱丹,温铁军. 农村财税体制改革与公共服务问题[J]. 甘肃理论学刊,2008(3).
[31] 王进. 加大农村基础设施的投入[J]. 宏观经济管理,2003(9).
[32] 游海洋. 民间资本投资五大攻略[J]. 中国民营科技与经济,2004(4).
[33] 刘星. 制约我国民间资本投资的制度因素分析[J]. 延安大学学报(社会科学版),2003(2).
[34] 李兴江,张明霞. 探寻东西部民间资本运行方式的差异[J]. 西部论丛,2005(7).
[35] 孙良. 我国农业基础设施存在的主要问题及对策[J]. 农业经济,2002(4).
[36] 傅光明. 新农村建设投入机制研究[J]. 经济与管理论丛,2007(7).
[37] 温凤荣,王峻. 农村基础设施投资与融资[M]. 北京:中国建筑工业出版社,2010.
[38] 蒋劲松. 传统责任政府理论简析[M]. 北京:社会科学文献出版社,2005.
[39] 刘伦武. 基础设施投资对经济增长的推动作用研究[M]. 北京:中国财政经济出版社,2004.

[40]〔英〕加雷斯·D.迈尔斯.公共经济学[M]. 匡小平译.北京:中国人民大学出版社，2001.

[41]〔美〕罗宾·W.鲍德威，戴维·E.威迪逊.公共部门经济学[M]. 邓力平译.北京：中国人民大学出版社，2000.

[42] 贾敬全,卜华.公共物品理论视角下的农村基础设施投资模式刍议[J].青海社会科学,2011(4).

[43] 宋清,胡雅杰,程源.京津沪农村基础设施投资效率比较研究[J].中国科技论坛,2011(10).

[44] 于静，宋清.国外农村基础设施投资管理经验对我国的启示[J].中国市场,2011(22).

[45] 郝蕊俊,饶海琴.财政支出对农村基础设施投资绩效评价指标探讨[J].商业经济,2010(6).

[46] 蒋时节,申立银,彭毅,杨建伟.农村基础设施投资效益评价的关键指标遴选[J].农业工程学报,2010(9).

[47] 李靖.我国农村基础设施投资主体多元化研究[J].兰州商学院学报,2010(6).

[48] 董志凯.我国农村基础设施投资的变迁(1950—2006 年)[J].中国经济史研究,2008(3).

[49] 孔秀杰,陈世元.内蒙古财政支农的规模分析[J].内蒙古统计,2008(6).

[50] 宋宁,李志远.财政体制对农村基础设施投资的影响[J].金融领域,2008(1).

[51] 俞云峰,吴畅.建立农村基础设施多元化投资机制的思考——以浙江为例[J]. 法制与经济,2008(5).

[52] 张锋.郊区型新农村基础设施投资问题探讨[J].河北师范学院学报,2008(3).

[53] 石丁.我国农村基础设施投资机制的重构[J].商业时代,2007(23).

[54] 贾康,孙洁.社会主义新农村基础设施建设中应积极探索新管理模式——PPP[J].经济学动态，2006(10).

[55] 魏朗.财政支农支出对西部农业经济增长的贡献[J].财经科学,2006(4).

[56] 张深义.新农村建设面临的主要问题及财政对策研究[J].淮阳职业技术学院学报,2006(8).

[57] 刘明慧,曾艳芳.完善农村基础设施财政投入机制[J].中国财政,2005(7).

[58] 徐梅.政府在西部农村基础设施建设投资中的分工合作[J].农村经济,2005(6).

[59] 张心灵,赵益平,梁润秀,孟繁杰,张利利. 谈自治区财政投入与农村牧区经济发展[J]. 内蒙古农业大学学报,2000(9).
[60] 世界银行. 2003 年世界发展报告[M]. 北京:清华大学出版社,2003.
[61] 魏礼群. 真正把基础设施建设放在现行的战略地位[J]. 求是,1993(9).
[62] 陈文科,林后春. 农村公共物品供给不足对农村经济发展瓶颈效应分析[J]. 税务与经济,2000(4).
[63] 林毅夫. "新政"怎样做才是中国式的——访北大中国经研中心主任林毅夫教授[N]. 经济学消息报,2000-01-28.
[64] 郭泽保. 建立和完善农村公共产品需求选择表达机制[J]. 中国行政管理,2004(12).
[65] 尚长风. 农村公共产品缺位研究[J]. 经济学家,2004(6).
[66] 王明灿,胡世明. 论我国公共产品供给矛盾[J]. 福建农业大学学报,2005(3).
[67] 刘鸿渊. 农村公共产品供给不足的原因与重构[J]. 商业研究,2005(2).
[68] 李琴,熊启泉,孙良媛. 利益主体博弈与农村公共产品供给的困境[J]. 农村经济问题,2005(4).
[69] 李玲. 公共绩效考验政府服务的质量[J]. 经济体制改革,2004(6).
[70] 林万龙. 农村公共物品的私人供给:影响因素以及政策选择[M]. 北京:中国发展出版社,2007.
[71] 吴士建,薛兴利,左臣明. 试论农村公共产品供给制度的改革和完善[J]. 农村经济问题,2002(7).
[72] 睢党臣. 农村公共产品供给结构研究[D]. 中国博士论文数据库,2007.
[73] 韩建新. BOT 融资模式在农村基础设施建设中的应用[J]. 山东财政学院学报,2007(5).
[74] 何伟. 分配不公的要害是政府投资行为[J]. 理论参考,2006(3).
[75] 崔光庆. 中国区域经济差异与政府投资行为的实证分析[J]. 宏观经济研究,2006(9).
[76] 蒋东仁. 产业集群成长中政府功能定位与政府投资行为的内生性[J]. 管理现代化,2006(5).
[77] 杜鹰,刘苏社,邱天朝. 中国农业基础设施投资的实证分析[M]. 北京:中国农业出版社,2002.
[78] 史明霞,陆迁. 农业基础设施投资促进经济增长的有效性分析[J]. 西北农林科技大学学报,2007(2).
[79] 杜均楠,阎建兴. 农业基础设施投资主体行为分析[J]. 西北农林科技大学

学报,2008(2).

[80] 费振国,李光旭.我国农业基础设施投融资体制的创新研究[J].中国农业科技导报,2007(6).

[81] 周红梅、匡远配.农村基础设施建设投资问题分析[J].湖南农业大学学报,2007(6).

[82] 范传鸿.主体性文化精神视域下农村工业化进程探微[J].学理论,2009(12).

[83] 郑晶,温存美.中国农业增长及其效率评价:基于要素配置视角的实证研究[M].北京:中国经济出版社,2009.

[84] 李香允.农民资金资金互助组织资金来源探析——以北京市通州区于家务乡果村资金互助组织为例[J].农村经营管理,2009.

[85] 庄子银,邹薇.公共支出能否促进经济增长:中国的经验分析[J].管理世界,2003(7).

[86] 欧阳志刚.我国政府支出对经济增长贡献的经验研究[J].数量技术经济研究,2004(5).

[87] 郭庆旺,贾俊雪.政府公共资本投资的长期经济增长效应[J].经济研究,2006(7).

[88] 贾俊雪,郭庆旺,刘晓路.资本性支出分权、公共资本投资构成与经济增长[J].经济研究,2006(12).

[89] 朱柏铭,祝燕君.财政支出与经济增长关系研究——基于中国1978—2005年数据的验证[J].技术经济与管理研究,2008(3).

[90] 陈建宝,戴平生.我国财政支出对经济增长的乘数效应分析[J].厦门大学学报,2008(5).

[91] 严成樑,龚六堂.财政支出、税收与长期经济增长[J].经济研究,2009(6).

[92] 张龙,贾明德.财政支出与财政收入对经济增长的影响的实证分析[J].预测,2009(1).

[93] 王春元.我国政府财政支出结构与经济增长关系实证分析[J].财经研究,2009(6).

[94] 何庆光.政府公共投资、经济增长与市场化进程的实证分析[J].统计与决策,2010(10).

[95] 林毅夫.加强农村基础设施建设,启动农村市场[J].农业经济问题,2000(7).

[96] 徐敏丽.农业基础设施对农村经济影响的动态分析[J].学术交流,2008(1).

[97] 毛艳玲,傅春,肖教燎.我国农业基本建设投资的协调性[J].南昌大学学报,2008(2).

[98] 汪小勤,姜涛.基于农业公共投资视角的中国农业技术效率分析[J].中国农村经济,2009(5).

[99] 〔英〕亚当·斯密.国富论[M].郭大力,王亚南译.上海:上海三联书店,2009.

[100] Maynard Keynes.就业、利息和货币通论[M].陆梦龙译.北京:中国社会科学出版社,2009.

[101] 袁星侯.公共支出改革:从制度需求到制度供给的转化[J].经济研究参考,2002(18).

[102] 宁素娟."六化"推进政府公共支出改革[J].山东审计,2003(12).

[103] 马昊,曾福生.制度创新:农业税取消后县级财政的根本出路[J].湖南农业大学学报,2008(2).

[104] 陈华,赵俊燕.4万亿财政刺激计划资金来源、投向及相关制度构建[J].地方财政研究,2009(4).

[105] 王曦,陆荣.危机下四万亿投资计划的短期作用和长期影响[J].中山大学学报,2009(4).

[106] 邓淑莲.政府与基础设施的发展[D].上海财经大学博士学位论文,2001.

[107] 董明慧.天津开发区基础设施投融资体制改革研究[D].天津大学硕士学位论文,2004.

[108] 赫尔希曼.经济发展战略[M].北京:经济科学出版社,1991.

[109] 张培刚.发展经济学教程[M].北京:经济科学出版社,2001.

[110] 句华.公共服务中的市场机制:理论、方式与技术[M].北京:北京大学出版社,2006.

[111] 齐林.我国财政支农支出结构及其优化分析[J].贵州农业科学 2003(12)

[112] 张为民,石高升.河北廊坊农业信息化现状及建议[J].计算机与农业,2002(8).

[113] 曹新.建设新农村必须大力发展农村教育[J].北京行政学院学报,2006(2).

[114] 徐学俊.关于解决农村教育问题的政策思考[J].湖北大学学报(哲学社会科学版),2006(4).

[115] 郭熙保.农业发展论[M].武昌:武汉大学出版社,1997.

[116] 李少元.农村教育论[M].南京:江苏教育出版社,2000.

[117] 赵冬缓.农业宏观管理学[M].北京:中国农业大学出版社,2001.

[118] 杨东平.艰难的日出——中国现代教育的20世纪[M].上海:文汇出版社2003.
[119] 宗希云.黑龙江省农村教育发展与改革的策略研究[D].东北农业大学博士学位论文,2007.
[120] 杨林,韩彦平,孙志敏.公共财政框架下农村基础设施的有效供给[J].宏观经济研究,2005(10).
[121] 杨华.加大农村基础设施投入建设社会主义新农村[J].理论界,2006(4).
[122] 刘银喜.取消农业税对农村公共财政影响的实证分析——以内蒙古、河南、安徽、山东四省区的实地调研为依据[C].“21世纪的公共管理:机遇与挑战”第三届国际学术研讨会文集,2008年10月。
[123] 刘银喜.农村公共产品供给市场化研究[J].中国行政管理,2005(3).
[124] 刘箴,陈庆之.略论公共决策法制化[J].湖南财经高等专科学校学报,2002(06).
[125] 贾祖国,中国当代房地产研究专题之1:城市化、人口流动与房价[J].http://wenku.baidu.com/link?url=Cbs69MGrHmVukr11aucD-BZ7GL2u-MbIioiqOrtSCemfuVNcxGAhbdnbi-k2YJwskSXDsGVupifymQ _ cYiLBH-MeIudCt3l-xipao1gb58Qh7,2015年1月11日访问.
[126] 冯林,朱艳静,司伟.基于博弈论的农村基础设施投资主体行为优化分析[J].云南财经大学学报(社会科学版),2008(4).
[127] Huge Stretton,Lionel Orchard.公共物品、公共企业和公共选择——对政府功能的批评和反批评的理论纷争[M].费昭辉,徐济旺,易定红译.北京:经济科学出版社,2000.
[128] E.S.萨瓦斯.民营化与公私部门的伙伴关系[M].周志忍译.北京:中国人民大学出版社,2002.
[129] 世界银行.1994年世界银行发展报告:为发展提供基础设施[M].北京:中国财政经济出版社,1994.
[130] 费振国.我国农业基础设施融资研究[D].西北农林科技大学博士学位论文,2007.
[131] 王丽娅.关于民间资本投资基础设施领域的研究[D].厦门大学博士学位论文,2003.
[132] 赵仁杰.甘肃省农村公共基础设施供给问题研究[D].兰州大学硕士学位论文,2008.
[133] 刘艳平.农村基础设施建设中的地方政府职能研究[D].山东农业大学硕士学位论文,2009.

[134] 马忠英.基于新农村视角的西部农村公路发展研究[D].长安大学博士学位论文,2010.

[135] 罗国亮,刘志亮.全面建设小康社会的农村能源战略[J].前沿,2008(12).

[136] 汤斌.新农村框架下农村能源建设问题研究——以东阿县为例[D].山东农业大学硕士学位论文,2008.

[137] 课题组.关于加快农村水利建设的思考与建议[J].学术探索,2007(8).

[138] 曲永芳.我国农村农田水利供给问题研究[D].山东大学硕士学位论文,2008.

[139] 王霞丽.西北地区农村水利基础设施的管护问题研究[D].天津商业大学,2011(5).

[140] 郑发平.新农村建设中农村水利面临的问题及对策[J].安徽农业科学,2007(23).

[141] 于洪丽,于海龙.刍议农村人畜饮水工程管理[J].黑龙江水利科技,2007(6).

[142] 宁东花.榆社县农村人畜饮水工程的现状、问题及发展思路探讨[J].山西水利,2000(5).

[143] 陈映.新农村建设中城乡统筹发展的农村公共产品供给[J].求索,2006(10)

[144] 王志军.河北省农业信息服务体系建设研究[D].中国农业大学硕士学位论文,2005.

[145] 雷铁军.我国农业网络信息资源开发与利用的现状及对策[J].现代情报,2004(5).

[146] 谭英,谢咏才,王德海.农业科技专家大院信息服务模式分析与评价[J].农业网络信息,2004(8).

[147] 刘磊,李旭辉.安徽省农村信息基础设施建设现状及其发展战略[J].安徽农学通报,2009(7).

[148] 周红梅,匡远配.农村基础设施建设投资问题分析[J].湖南农业大学学报,2011(04).

[149] 中共中央国务院关于加快水利改革发展的决定.2010-12-31.

[150] 卞瑞鹤.十一五:一副波澜壮阔的民生画卷[J].农村农业农民,2010(10).

[151] 李含光.泰安市农村基础设施投资研究[D].山东农业大学硕士学位论文,2009.

[152] 王川,朱文喜.内蒙古农村基础设施建设现状、问题与对策[J].经济论坛,2012(1).

[153] 鹿俊峰. 泰安市农村基础设施建设投入问题研究[D]. 山东农业大学硕士学位论文,2007.

[154] 李汉文,王征,邓威. 对“一事一议”制度的几点反思[J]. 云南民族大学学报,2004(5).

[155] 刘文静. 中国城乡基本公共服务均等化研究[D]. 山东农业大学硕士论文,2008.

[156] 胡恒洋. 农村基础设施建设制度改革和重点[J]. 经济研究参考,2008(32).

[157] 邓红亮. 推动村民一事一议筹资酬劳制度促进农村公益事业发展[J]. 农村经营管理,2007(12).

[158] 赵成福. 我国农村村级公益事业投资机制的现实基础及其路径选择[J]. 新乡学院学报,2010(8).

[159] 江建平. 扎实开展一事一议财政奖补试点努力探索村级公益事业建设投入新机制[J]. 江苏农村经济,2009(11).

[160] 游垂元. 财政支农资金管理的问题及对策建议[J]. 财会通讯,2006(12).

[161] 黄殿会. 公路建设对国民经济的拉动作用研究[D]. 长安大学硕士学位论文,2001.

[162] 张蕾. 美国的基础设施建设和农村发展政策[J]. 世界农业,2008(3).

[163] 匡远配. 农村基础设施建设的投资模式选择[J]. 兰州学刊,2009(7).

[164] 刘春杰,付强. 国内外城市基础设施建设融资经验借鉴[J]. 浙江经济,2005(5).

[165] 王元京. 我国基础设施建设应注意什么?——美国、加拿大基础设施建设对我国的启示[J]. 经济视角(借鉴与参考),2003(8).

[166] 闵范植. 非城市地区工发管理制度的基础设施负担制度现状[C]. 韩中土地政策研究会论文集. 浙江大学出版社,2004.

[167] 彭威,赵静. 韩国基础设施负担制度及对中国城市建设的借鉴[J]. 知识经济,2009(18).

[168] 周毅. 国外政府在BOT融资中的做法与借鉴[J]. 广西金融研究,2001(10).

[169] 戴旭. 借鉴国外BOT经验探讨中共推行举措[J]. 中国投资与建设(专题报道),1995(2).

[170] 陈柳钦. PPP:新型公私合作融资模式[J]. 建筑经济,2005(3).

[171] 苏明,王小林,陈冠群. 国外公共财政支持农业和农村发展的主要途径及启示[J]. 经济研究参考,2007(24).

[172] 姚於康.发达国家农民合作经济组织的发展经验及启示[J]. 世界农业,2003(12).
[173] 孔祥智.粮食产业保护的国际经验及对中国的借鉴[J]. 经济理论与经济管理,1999(2).
[174] 贾丽红.发达国家农村基础设施供给制度的经验[J]. 广东科技,2010(3).
[175] 王丽娅.PPP 在国外基础设施投资中的应用及对我国的启示[J]. 海南金融,2003(11).
[176] 刘海英.地方政府间财政关系研究[M].北京:中国财政经济出版社,2006.
[177] 李燕凌,曾福生,匡远配.农村公共品供给管理国际经验借鉴[J].世界农业,2007(9).
[178] 温思美,张乐柱,许能锐.农村基础设施建设中的财政资金管理研究[J].华南农业大学学报,2009(1).
[179] 李宏燕.我国农村基础设施融资研究[D].内蒙古大学硕士学位论文,2010.
[180] 刘银喜.后农业税时代农村公共财政体制改革研究[M].呼和浩特:内蒙古大学出版社,2007.
[181] 赵鸣骥.在改革和发展中不断完善的农业财政政策[J].中国财政,2008(9).
[182] 贾敬全,卜华.公共物品理论视角下的农村基础设施投资模式刍议[J].青海社会科学,2011(4).
[183] 张开华.试论财政支农政策创新[J].农业经济问题,2005(3).
[184] 苏丹.加强和改善财政支农的思考[J]. 长春师范学院学报,2004(9).
[185] 农业部.关于农民专业合作组织发展情况的报告(2010 年 7 月)[R].未发布,调研资料.
[186] 关于对我县农村公共卫生设施建设的调研报告[OL].谷阳政府网,http://218.56.164.3/www1/show.aspx? id = 1408&cid = 79.
[187] 张伟.经济发达国家民间资本进入基础设施领域的几种模式[OL].中国宏观经济信息网,http://www.macrochina.com.cn。
[188] 席元香.当前财政支农资金管理使用中存在的问题及审计重点[OL].中华人民共和国审计署网站,http://www.audit.gov.cn/n1057/n1072/n1342/16270.html。
[189] 刘生龙,胡鞍钢.交通基础设施与经济增长:中国区域差距的视角[OL].

国务院发展研究中心信息网,http://www. drcnet. com. cn/www/integrated/2010-12-15.

[190] 国家发展与改革委员会. 2010 年农村基础设施建设发展报告[OL]. 国家发展改革委员会网站,http://www. sdpc. gov. cn/2010.

[193] 国家发展与改革委员会. 农村基础设施建设发展报告[OL]. 国家发展改革委员会网站,http://www. sdpc. gov. cn/2009.

[194] 国家发展与改革委员会. 2011 年农村基础设施建设发展报告[OL]. 国家发展改革委员会网站,http://www. sdpc. gov. cn/2011.

[195] 国家发展与改革委员会 农业部 财政部:《关于完善退牧还草政策的意见》。

[196] 内蒙古农村牧区公路总里程超过 12 万公里[OL]. 中华人民共和国中央政府网站, http: //www. gov. en/jrzg/2009 — 09/06/eontent_1410520. htm, 2009-9-6.

[197] 内蒙古农村牧区公路管理养护体制情况调研报告[OL]. 中华人民共和国交通运输部网站, http://www. moe. gov. en/06road/difangxx/neimeng/200711/t20071126-448465. html,2007-11-26.

[198] 〔英〕罗森斯坦—罗丹. 东欧和东南欧国家的工业化问题[J]. 经济学, 1943-6-9.

[199] 〔英〕罗森斯坦—罗丹. "大推进"理论笔记//H. S. 埃利斯主编. 拉丁美洲的经济发展. 圣马丁出版社,1966.

[200] DavidN. Hamman. 公共财政:现代理论在政策中的应用[M]. 张彤译. 北京:中国财政经济出版社,2001.

[201] Paul A. Samuelson. 经济学[M]. 萧琛等译. 北京:人民邮电出版社,1992.

[202] Rostow. 从起飞进入持续增长的经济学[M]. 贺力平译. 成都:四川人民出版社,1988.

[203] Hughes O. E. , *Public Management and Administration*, Palgrave Macmillan, 2012.

[204] Stone C. N. ,*Regime Politics*: *Governing Atlanta*, 1946—1988, Lawrence: University Press of Kansas, 1989.

[205] Lin S. , "Public Infrastructure Development in China", *Comparative Economic Studies*, 2001, 43(2).

[206] Demurger S. ,"Infrastructure Development and Economic Growth: an Explanation for Regional Disparities in China?" *Journal of Comparative Economics*, 2001, 29(1).

[207] Keynes J. M., "The General Theory of Employment", *TheQuarterly Journal of Economics*, 1937.

[208] Solow R. M., "A Contribution to the Theory of Economic Growth, *TheQuarterly Journal of Economics*, 1956.

[209] Devarajan S., Swaroop V., Zou H., "The Composition of Public Expenditure and Economic Growth", *Journal of Monetary Economics*, 1996, 37(2).

[210] Ahmed H., Miller S. M., "Crowding-out and Crowding-in Effects of the Components of Government Expenditure", *Contemporary Economic Policy*, 2000, 18(1).

[211] Bose N., Haque M. E., Osborn D. R., Public Expenditure and Economic Growth: A Disaggregated Analysis for Developing Countries, *The Manchester School*, 2007, 75(5).

[212] Mo P. H., "Government Expenditures and Economic Growth: The Supply and Demand Studies", *Fiscal Studies*, 2007, 28(4).

[213] Rosenstein-Rodan P. N., "Notes on the Theory of thebig push", Cambridge, Mass.: Center for International Studies, Massachusetts Institute of Technology, 1957.

[214] Aschauer D. A., "Is Public Expenditure Productive?", *Journal of Monetary Economics*, 1989, 23(2).

[215] Friedman J., *Regional Development Policy: a Case Study of Venezuela*, Cambridge, MA: MIT Press, 1966.

[217] Musgrave R. A., *Provision for Social Goods*, New York: St. Martin's Press, 1969.

[218] Eisner R., "Infrastructure and Regional Economic Performance: Comment", *New EnglandEconomic Review*, 1991(Sep).

[219] Mamatzakis E. C., "Public Infrastructure and Productivity Growth in Greek Agriculture", *Agricultural Economics*, 2003, 29(2).

[220] Pinstrup-Andersen P., Shimokawa S., "Rural Infrastructure and Agricultural Development", World Bank, 2006.

[221] Samuelson P. A., "The Pure Theory of Public Expenditure", *TheReview of Economics and Statistics*, 1954.

[222] Ahlin A., Johansson E., "Individual Demand for Local Public Schooling: Evidence from Swedish Survey Data", *International Tax and Public Finance*, 2001, 8(4).

[223] Martinez-Vazquez J., McNab R. M., "Fiscal Decentralization and Economic Growth", *World Development*, 2003, 31(9).

[224] Jalan J., Ravallion M., "Geographic Poverty Traps? A Micro Model of Consumption Growth in Rural China", *Journal of Applied Econometrics*, 2002, 17(4).

[225] Christopher Hood, "The New Public Management", *Public Administration*, Vol 69, Spring, 1991.

[226] Owen Hughes, *The New Public Management*, New York: St Martin's Press, 1995.

[227] Clarence N. Stone, *Regime Politics: Governing Atlanta, 1946—1988*, University Press of Kansas, 1989.

[228] Shuanglin Lin, "Public Infrastructure Development In China", *Comparative Economic Studies*, Vol. 38, Summer, 2001.

索　引

O

P

Q

R

S

T

W

X

Y

Z

后　记

本书是国家社科基金青年项目"农村基础设施建设中的政府行为研究"的最终成果,非常荣幸项目获得"优秀"等级鉴定。该项目从论证、立项到结项历时近三年,比我当初设计的一年半时间多用了一倍,其中有课题难度较大的原因,但更多的是时间问题。我个人喜欢科研,热衷于思考和调研,无奈杂事纷呈,无法静享深入思考、撰写文章的美景,无法及时地将自己的灵感思路付诸笔端,见诸报刊;虽苦虽忙虽累但依然坚守,坚守对事业的热爱,坚守对母校的承诺,坚守对学生的责任,只缘生于此长于此爱于此。

给我不竭动力的是时代、母校、学生及家人。时代变革给了我希望和激情,学者胸怀天下的情怀没有因身处边远地区而淡漠;北京大学给了我见识与理性,内蒙古大学给了我舞台和机遇,母校的宽容与博大没有因低谷而消沉沦丧,希望她永葆青春和活力;学生永远是最可爱的人,他们纯真善良朴实上进,没有因雾霭而迷失方向,放弃梦想,希望他们永葆激情和智慧;家人永远是坚强的后盾,一如既往支持帮助关爱我的妻子任梅博士既要承担带孩子的重任又要担负照顾大家庭的重担,还得面对做学问评职称的重压,但她依然任劳任怨、默默奉献,给予我最大的支持和鼓励,希望家人幸福安康如意吉祥;这些爱与期待促我不断前行。尤其是在年近不惑而得的爱子铭博,是我生命中的朝阳,于是有了我微博寄语:带孩子与做学问。带孩子如同做学问,需要认认真真、踏踏实实的精神,做学问需要有带孩子的耐心、韧性与灵性,孩子一句"爸爸你干什么呢"启发你对人生境界的思考。

一个项目一堆成果一段历练,感悟颇多,感言难尽!感谢对于项目选题给予帮助和关注的各位导师同仁同事同学,感谢本项目课题组所有成员,感谢对于本项目研究给予帮助的多位 MPA 学员,感谢在不同阶段以不同形式参与科研工作的研究生董杨、陆华梁、吴万宝、微丽丝、呼和、苗园、姚秀丽、闫瑾、王庆丹、邱曼京、史蕾、张湘云、侯晋烨、白娇、贺朝阳、刘亚亚！最后感谢为本书出版付出辛勤劳动的高桂芳博士。

刘银喜

2014 年夏于希望·阳光苑